Louis Claude de Saint-Martin
Selbstbekenntnisse und nachgelassene Notizen

Louis Claude de Saint-Martin

Selbstbekenntnisse und nachgelassene Notizen

Herausgegeben und bearbeitet von Detlef Weigt

Impressum
Bibliografische Information der Deutschen Nationalbibliothek:
Die Deutsche Nationalbibliothek verzeichnet diese Publikation in
der Deutschen Nationalbibliografie; detaillierte bibliografische
Daten sind im Internet über http://dnb.dnb.de abrufbar.
© 2020 Detlef Weigt
**Weigt, Detlef (Hrsg.): Saint-Martin, Louis Claude de:
Selbstbekenntnisse und nachgelassene Notizen.**

**Herstellung und Verlag: BoD — Books on Demand,
Norderstedt.**
ISBN: 9783751920261.

Originalausgaben:
Johannes Claassen: Ludwig von Saint-Martin.
Sein Leben und seine theosophischen Werke. —
Stuttgart: Steinkopf 1891. S. 2-118.
**Schickedanz, Wilhelm Adolf: Des französischen
Philosophen L.Cl. de St. Martin nachgelassene Werke;**
Teil 1: Die theosophischen Gedanken. — Münster: Theissing, 1833.

Der Text wird in der Übersetzung von Claassen, von dem auch die
Lebensbiographie Saint-Martins stammt, zugrunde gelegt.
Dem Text der einzelnen Notizen wird zur Orientierung und zum
Vergleich die entsprechende Nummer der Notizen der Übersetzung
von Schickedanz in eckiger Klammer beigefügt.
Da Claassen nicht alle bzw. auch andere Texte übersetzt hat, werden
die von ihm gebotenen Texte mit der Übersetzung von Schickedanz
ebenfalls in eckiger Klammer ergänzt. Die Anmerkungen stammen
dabei immer von Schickedanz.

Sa profonde sagesse excitera les hommes
A suivre les sentiers de l'aimable vertu
Il se plut à prouver l'exil où nous sommes,
Notre haute origine ... et tant il a vécu,
Terasse les erreurs de la philosophie.

Maître doux et modeste, il consacra ses soins
A ranimer pout Dieu le zèle des humaines.
Respectons sa mémoire en imitant sa vie!
Tes oeuvres, ô grand homme, en ces jours ignorés,
Illustreront ton nom et feront mieux connaître
Notre réligion et ces livres sacrés.

Sein tiefer Geist lädt ernst die Menschen ein,
Allzeit zu wandeln edler Tugend Bahn,
In der Verbannung hier bewusst zu sein,
Noch ihres Ursprungs ... und, so viel er kann,
Treibt Irrtum er zurück und falschen Wahn.

Mit sanfter, milder Glut entflammt sein Wort,
Allein für Gott der Menschen Herz, und sacht
Regt sein Gedächtnis gleiches Streben dort.
Trefflicher Mann, dein Wirken ist dein Ruhm,
In trüber Zeit, und lehrt uns mit Bedacht,
Nur besser fassen Schrift und Heiligtum.
                                    A. Jüngst

Einführung von Johannes Claassen

Wer war **Saint-Martin?**
Ein Franzose von Geburtsadel; ein Mensch von hohem Seelen-
und Geistesadel; ein Christ voll Demut und Selbstverleugnung, voll
Glauben und Liebe zu Gott und zu den Menschen. Er folgte auch
darin insonderheit seinem himmlischen Meister nach, dass er das
Elend der Welt auf seinem mitleiden-den Herzen trug, wie er
konnte. Er war endlich ein Zeuge wider materialistische und ratio-
nalistische Irrtümer zugunsten der ewigen Wahrheit. Er zeugte von
ihr wie wenige durch seinen Wandel, dazu durch seine aus innerster
Erfahrung geschöpften, mit Herz und Kopf zugleich geschriebenen
Werke von theosophischem Gehalt, wenn er auch nur der „unbekannte Philosoph" sein wollte. Denn seine Philosophie ist, nach
seinen eigenen Worten, eine Philosophie des Gebets, und eben
darum konnte sie, zum großen Teile wenigstens, christliche Theosophie heißen, verständlich für alle Leser guten Willens. So bildet
Saint-Martin als Schriftsteller der edelsten Art ein Kleeblatt, könnte
man sagen, mit **Pascal** und **Fenelon**, die er doch beide an Tiefe
und Reichtum der Erkenntnis überragte. Er bildet andererseits —
denn er ist und heißt „der größte Theosoph, den Frankreich hervorgebracht" — ein Kleeblatt mit dem deutschen Theosophen
Jakob Böhme, seinem über alles von ihm hochgestellten Meister,
und **Franz Baader**, seinem ihm selbst an blitzendem Tief- und
Scharfsinn überlegenen, an Herz ihm nicht gleichkommenden,
übrigens ganz selbständigen und eigenartig begabten Nachfolger,
dem bedeutendsten **christlichen** Denker überhaupt.
Hören wir indes zuvor einige andere Stimmen über ihn. Ein-
sichtsvolle Stimmen, nicht von solchen, die den Mann und den
Schriftsteller bloß von außen kannten, d.h. im Grunde nicht kann-
ten oder verkannten, weil ihr Geist seinem Geiste und christlichen
Herzen fremd gegenüberstand. Denn solcherart waren allerdings
die allermeisten seiner zeitgenössischen und auch seiner späteren
Beurteiler. Doch zuerst aus dem Briefe eines Unbekannten, C.J. in
Rochelle, welcher nicht anstand, seinem geistigen und geistlichen
Führer folgendes zu schreiben, und zwar zu einer Zeit (25. April

1792), als letzterer seine beiden Hauptwerke noch nicht geschrieben hatte.

„Mein Herr! Ich verdanke Ihnen alles, denn ich verdanke Ihnen meine Rückkehr zur Wahrheit. Nicht nur, dass ihnen meine Dankbarkeit in meinem Herzen den Rang anweist unter jenen wohltätigen Wesen, die ich liebe und verehre, sondern ein Gesetz der Billigkeit, das bestätigt wird vom Geschmack wie vom Zartgefühl — von dem Geschmack, der nicht die Tugend ist, aber doch zur Tugend führen kann — stellt Sie in meinem Herzen weit über die Schriftsteller, deren unser Zeitalter sich rühmt. Diese Kraftmänner der neueren Literatur haben mir nur unvollkommene und flüchtige Freuden gewährt; Ihre Werke dagegen haben meiner Seele eine feste Speise bereitet, angemessen meiner geistigen Eigentümlichkeit und meiner Weise, die Dinge anzusehen und geistig anzueignen. Und wie ein geschickter Arzt haben Sie das Heilmittel, dessen ich bedürftig war, unter angenehmer Hülle verborgen, wodurch ich allein zu seinem Geschmack bestimmt werden konnte.

Gelobt in Ewigkeit sei der Gott der Barmherzigkeit, der Sie so zur rechten Zeit mir zur Hilfe gesandt hat, um mich vom Rande des Abgrundes zurückzuhalten, und der es so gefügt, dass meine Leidenschaft fürs Leben mich endlich dahin brachte, Ihre Werke zu lesen! Ich hatte kein großes Verlangen nach diesen Werken; ich glaubte schon alles zu wissen; ich hatte mir ein unhaltbares System gemacht, woran ich festhielt mit der Vorliebe, die wir alle zu den eigenen Schöpfungen zu haben pflegen, wie mittelmäßig sie auch sein mögen. Die neuen Lichter, die erhabenen Gedanken, die Einheit und innere Verbindung der Sachen: das wahre Ziel der Wissenschaft, welches ich durch dieses neue Studium erkannte, haben mich eines Besseren belehrt. Ich werde allezeit dankbar für das göttliche Gefühl sein, das Ihr Herz beseelte und das Ihre Feder in der Erforschung der Wahrheit führte.

Es sei fern von mir, ein unheiliges und verführerisches Lob Ihnen zu bereiten; ich würde den großen Dienst, den Sie mir erwiesen, dadurch übel vergelten. Aber ich wollte Ihnen vornehmlich den süßen Trost gewähren, der Ihrer Seele gebührt: dass Ihre Arbeiten Frucht bringen und dass Sie beigetragen haben, eine Seele den Klauen des wütenden Löwen zu entreißen, so dass ich durch die

Bande der christlichen Liebe nun teilnehmen darf an der Einigkeit, die unter allen denen herrschen soll, die einerlei Gesinnung haben. ... Ihre Werke haben mir ganz den Genuss der weltförmig eitlen, ob auch bestgeschriebenen Werke verleidet; sie haben jenen Lesedurst, der mich quälte, gestillt. Sie haben mich gelehrt, mit den Wundern der Natur nicht ohne einigen Nutzen mich zu beschäftigen, indem Sie mich zum Urheber der Natur erhoben, so dass in der Stadt wie in der Einsamkeit alles eine Geistesnahrung für mich wird. O, mit welcher Gnade hat der allgütige Gott mich überhäuft! Helfen Sie mir ihm danken, wie ich's ihm schuldig bin."

Doch das ist ein Urteil, obschon unter vielen ähnlichen, von seiten eines Einzelnen, eines persönlichen Freundes und Landsmannes. Der, dem es galt, war weit mehr als Franzose. Die deutsche Tiefe und Innigkeit seines Geistes machte schon seine beiden frühesten Werke und damit ihn selber bald in Deutschland bekannt. Schon zwei Jahre nach dem Erscheinen bzw. nach der Übersetzung des ersten der beiden durch Matth. Claudius 1782, gab der evangelische Theologe Kleuker in Kiel eine übersichtliche Darstellung ihrer Ideen heraus in einem Buche, das er „Magikon" nannte; und hiedurch ward der französische Verfasser zuerst auch dem jungen Franz Baader (geb. 1765) bekannt. Derselbe bemerkt in seinem Tagebuch von 1787 über das eine der beiden, dem Magikon zugrunde liegenden Originalwerke („Irrtümer und Wahrheit"): „Das öftere Lesen dieses Buches macht mich allemal mit neuer Freude **zur Bibel zurückkehren**, so wie ich von jedem gutgeschriebenen Naturbuche mit neuer Freude und Sehnsucht zur lebenden Natur zurückkehre." (Über Baaders Äußerung über das Magikon vom Jahre 1804 an Kleuker und sonstige Urteile desselben vgl. „Baaders Leben und theosophische Werke als Inbegriff christlicher Philosophie" Band 1, durch J. Claassen, Stuttgart 1886.) Baader selbst regte, da ihm die Zeit gebrach, andere Liebhaber der höchsten Wahrheit zur Übersetzung der Werke St. Martins an. Auch schrieb er zu G. H. v. Schuberts Verdeutschung des einen Hauptwerkes aus späterer Zeit: „Vom Geist und Wesen der Dinge" ein inhaltreiches, empfehlendes Vorwort, worin es u.a. heißt: „Wenn es nicht zu leugnen ist, dass gerade in Frankreich jener Froschlaich der sogenannten Aufklärung am frühesten und ersprießlichsten fruktifizierte, wie denn ganz Europa von da aus mit der Brut dort ausgeheckter materialistischer und Gott- wie Natur-leugnender Systeme überschwemmt worden, so ist es umso erfreulicher, gerade in dieser Nation und gerade zu der Zeit, wo diese Irrlehrer am frechsten ihre Stimme erhoben, einen Schriftsteller auftreten zu sehen, welcher die alte, von den sog. Mystikern und Theosophen aller Zeiten bekannte — den Pharisäern zum Ärgernis und den Sadduzäern zur Torheit dienende — Lehre der harmonia luminis naturae et gratiae (Übereinstimmung des Naturlichts mit dem Gnadenlichte), wie Baco sich ausdrückt, zum Teil in einem neuen Gewande und zum Teil mit besserem Erfolge als alle seine Vorgänger vortrug ... So wie denn auch dieses Schriftstellers unsterbliches Verdienst, das derselbe sich durch die mutvolle Verfolgung seiner Laufbahn durch **sein ganzes Leben** erworben, schon umso größer erscheint, wenn man die Hindernisse erwägt, die ihm Zeitalter, Umgebungen und selbst die Sprache, in der er schrieb, beim Vortrage von Wahrheiten dieser Art entgegensetzten. Denn es ist allerdings ein schweres, zum Teil auch gewagtes Unternehmen, in und aus einer Totenluft Worte des Lebens zu gestalten." Anderswo bemerkt derselbe: „Wo man die Schriften St. Martins aufschlage, überall begegnet man tiefen Blicken, oft in den einfachsten Worten, öfter in sinnvollen Bildern. Blumen und Blüten wechseln mit Perlen und funkelnden Tautropfen, dazwischen lachen reifen Früchte in frischen aber sanften Farben." Übrigens hat Baader die meisten Werke St. Martins mit eigenen, treffenden, zuweilen auch berichtigenden oder doch zurechtstellenden Anmerkungen versehen (gesammelt im zwölften Bande seiner Gesamtwerke), aus denen zugleich hervorgeht, wie er selbst die bedeutendsten Anregungen von jenem empfing.

Indes ist hier noch nicht der Ort zu einer eingehenderen Charakteristik dieses uns Deutschen so geistesverwandten Ausländers, „eines jener großen Propheten auf dem Gebiete christlicher Spekulation, die nicht für die Zeit, in der sie lebten, gearbeitet haben; in seinen gedankenreichen Schriften liegen die Keime einer schönere Zukunft verborgen" (Fr. v. Osten-Sacken).

Nachdem in Frankreich selbst einmal zuerst Chateaubriand und Frau von Staël, de Maistre, B. Cousin und Saint-Beuve des

„unbekannten Philosophen" hervorragende Leistungen wie seine edle Persönlichkeit gewürdigt hatten, nachdem u. a. Bischof **Sailer** in seinen Schriften viele Stelle aus St. Martin mitgeteilt oder benutzt und ihn „einen ausgezeichneten christlichen Denker" genannt, gab Prof. **M. Matter**, Oberbibliothekar zu Paris, eine vollständige Lebensgeschichte desselben heraus, deren zweite Auflage den Titel trägt: Saint-Martin, le Philosophe inconnu, sa vie et ces érits ... d'apres des documents inédits: 2. édition. Paris 1862. Aus ihm schöpfte **Ad. Franck**, Professor und Mitglied des Instituts zu Paris, sein nicht minder geistvolles, zugleich eine systematische Darstellung von St. Martins Weltanschauung enthaltendes kürzeres Buch: Saint-Martin et son maître M. Pascalis. Paris 1866. Sind diese beiden gründlichen Werke, bei aller Pietät gegen ihren Gegenstand, mehr vom Standpunkt moderner, wenn auch nicht gerade widerchristlicher Weltanschauung geschrieben, so war es das ältere von **L. Moreau**: Le philosophe inconnu (1850) vom scholastisch-kirchlichen Standpunkte. Dem allen gegenüber macht hier folgende Arbeit* den Versuch, den Menschen, den Christen und den Theosophen in demjenigen Lichte darzustellen, welches ebenso desselben eigene Leuchte war, als es an sich das Ewigseiende und Ewigbleibende ist, offenbart und abgespiegelt in dem biblischen Evangelium von **Jesu Christo**, dem ewigen und dem fleischgewordenen Gott-Worte zu unserem Heil. „In seinem Lichte sehen wir das Licht" — auch dieses Wahrheitszeugen, indem wir die Irrtümer, die auch bei ihm nicht ganz fehlen, möglichst beiseite lassen, das weit überwiegende Andere aber in der Auswahl und Anordnung, wie in der (meist wörtlichen) Form und Gestalt wiedergeben, wie es dem wahrheitsuchenden, auch dem ungelehrten, vor allem dem christlichen Leser am erfreulichsten und fruchtbarsten sein mag. Wir geben damit zugleich das dritte und wohl letzte Werk theosophischer Originale ans Licht, nachdem das erste und zweite — Böhme und Baader — vor wenigen Jahren in demselben Verlage er-schienen sind. Ob wir uns der Hoffnung hingeben dürfen, dass

---

* Das gesamte Buch von Claassen ist gemeint, von dem hier nur der erste Teil wiedergegeben wird. Der fehlende Teil enthält Auszüge und Zusammenfassungen aller anderen Werke Saint-Martins.

dieses letzte vermöge seiner größeren Anmut und Wärme einem größeren gebildeten Leserkreise aus allen getrennten Konfessionen der ihrem **ewigen Grunde nach einigen Christuskirche** das Herz öffnen und in der Richtung nach innen und oben bewegen oder bestärken möchte? Es sei Gott befohlen! —

Alles Nähere bezüglich der Auswahl, Übersetzung, Anordnung wird der Leser im Buche selbst an seinem Orte finden. Wir schließen mit einem Worte des genannten Matter (Vorwort S. VII):

„Wenn die **Lehre St. Martins**, welche weder in der Politik ein einfacher Theokratismus, noch in der Philosophie ein einfacher Mystizismus, sondern eine wahre **Theosophie** über die Regierung göttlicher und menschlicher Dinge ist, heute ein ganz besonderes Interesse darbieten kann, so noch mehr **sein Leben**. Andere unserer Zeitgenossen haben in Schule, Staat und allen anderen Berufsarten sicher eine größere, glänzendere und leichter ins Auge fallende Rolle gespielt. Aber in Bezug auf Idealität und sittliche Höhe kenne ich keinen, wie ich auch suche, der höher steht als er."

Calw i.W., zu Ende 1890.

J.Cl.

Lebenslauf

Louis Claude de Saint-Martin wurde am 18. Januar **1743** zu Ambroise in der Provinz Tourraine von wenig begüterten, adeligen, katholischen und gottesfürchtigen Eltern als deren vierter Sohn geboren. Ein so feingebautes, schwächliches Kind war er, dass er noch später wohl sagte, er habe seinen Körper nur mehr als Projekt mitbekommen; ja, siebenmal habe er als Säugling die Haut gewechselt — was man indes nicht buchstäblich nehmen wird. Aus seiner Kindheit und Jugend wissen wir wenig. Er selbst sprach oder wenigstens schrieb sich darüber nie aus, auch nicht in seinem „historischen und philosophischen Porträt", wie man seine tagebuchartigen Selbstbekenntnisse genannt hat, von denen ein Teil erst einige Jahre nach seinem Tode herausgegeben wurde (Oevres posthumes I).

Der Vater scheint dem zarten, liebebedürftigen Gemüte des Knaben wenig verwandt gewesen zu sein. Die Mutter starb bald nach seiner Geburt. Ihm wurde aber eine edle Stiefmutter zuteil, von welcher er später sagen dufte: „Ich hatte eine Stiefmutter, der ich vielleicht mein ganzes Glück zu verdanken habe, weil sie den ersten Grund in mir legte zu jener milden, sorgfältigen und frommen Erziehung, die mir die Liebe Gottes und der Menschen einbrachte. Ich erinnere mich, in ihrer Gegenwart eine große innere Zucht („Beschnittenheit") verspürt zu haben, die sehr lehrreich und heilsam für mich war. Dabei hatte mein Denken bei ihr freien Zugang und würde ihn immer gehabt haben, wenn wir bloß uns selbst zu Zeugen gehabt hätten. Aber es war noch jemand, vor dem wir uns verbergen mussten, als hätten wir Böses vorgehabt." [498] Wer dieser jemand war, verbot ihm die kindliche Pietät auch nur anzudeuten. Doch habe, sagte er, auch seines Vaters strenges Wesen gerade dazu beigetragen, ihn in einsames Nachsinnen zu führen, da es ihm nötigte, in sich selbst zu verschließen und zu sammeln für sein künftig Werk.

Seit seinem zehnten Jahre besuchte er das Gymnasium von Ponlevoi. Schon hier begann er neben der Schule und ihren griechischen und römischen Klassikern mit Vorliebe solche Bücher zu lesen, die sein Denken tiefer auf das Innere führten. Besonders war in dieser Beziehung von Einfluss auf ihn das Buch „Die Kunst, sich selbst zu erkennen" von Abbadie. Ihm „verdankte ich den ersten Antrieb, mich von den Dingen dieser Welt frei zu machen". Damit verband er frühe das Studium der Bibel und gab, wie er später sich ausdrückte, seinen Geist in Pension bei derselben. Die Wirkung davon geben alle seine Schriften kund, wenn er auch selten die Ausdrücke der h. Schrift gebrauchte.

Vom Gymnasium ging er auf seines Vaters Wunsch zur Rechtsschule, wahrscheinlich der zu Orleans über. Doch weder das französische noch das römische, überhaupt nicht das historisch gewordene, sei es das kodifizierte oder gewohnheitsmäßige Recht in der Menge seiner Bestimmungen und wechselnden Formen zog ihn an. Dagegen studierte er eifrig das mehr philosophische, aus der Einheit des menschlichen Geschlechts und aller seiner sich stets gleichbleibenden gesellschaftlichen und staatlichen Bedürfnisse hervorgehende sogenannte Naturrecht, wie es damals durch Montesquieu und Rousseau als neues Evangelium der Menschenbeglückung verkündet worden war. Doch auch diese befriedigten seinen tieferen Durst nicht. Mehr meinte er bei dem Spanier Burlamaqui zu finden: ihm „verdanke ich meinen Geschmack für die natürlichen Grundlagen der menschlichen Vernunft und Gerechtigkeit". Das wahrhaft und grundlegend Natürliche war ihm aber schon damals das Göttliche und Gottverwandte, das durch den Sündenfall verderbt, und nicht, wie Rousseau wähnte, noch immer in jedem unverbildeten Menschen in Reinheit vorhanden ist.

Hatte so der achtzehnjährige Jüngling nach seiner eigenen Aussage schon die Philosophen — auch die materialistischen — gelesen, welche seiner Zeit Mode waren, so blieb er doch ihrem irdisch-weltlichen Geiste fremd. Nur durchflogen auch, nicht eigentlich studiert hatte er sie, und so mochte er später schreiben das Wort des Evangeliums (Mk 16,17 ff.): „Die Zeichen der Gläubigen sind die: In meinem Namen werden sie Schlangen berühren und das Gift wird ihnen nicht schaden — es hat sich auch bei mir auf philosophischem Gebiet erfüllt. Gelesen, gesehen und gehört habe ich die materialistischen Philosophen und Gelehrten, die durch ihren Unterricht die Welt verwüsten; aber kein Tropfen ihres

Giftes ist in mich eingedrungen, noch schadete mir der Biss einer einzigen dieser Schlangen. Das alles aber hat sich in und für mich auf ganz natürliche Weise gemacht. Denn als ich diese heilsamen Erfahrungen machte, war ich zu jung und unwissend, um meine eigenen Kräfte für etwas halten zu können." [271]

Gehorsam dem väterlichen Wunsche, ließ sich der Einundzwanzigjährige nach gewissenhafter Vollendung seiner Studien als königlicher Advokat beim Obergericht zu Tours anstellen. Denn der Vater hoffte, es möchte die Stelle eines älteren Verwandten, der Staatsrat war und beim Minister Choiseul in Gunst stand, dereinst auf den Sohn übergeben. Allein schon bei seiner Einführung in das neue Amt vergoss der Jüngling Tränen, „seinen Hut voll", und während seiner nur halbjährigen Amtsführung, sagte er später, freilich in scherzhafter Übertreibung, habe er nie wissen können, wer in einer Prozesssache gewann oder verlor, und das nach allen Anwaltsreden, Beratungen und dem Ausspruch des Vorsitzenden.

Da sein Vater ihm nicht gestattete, in Zurückgezogenheit den Studien zu leben, bat er jenen um Erlaubnis, in die militärische Laufbahn einzutreten, obwohl diese sich im Grunde für seine Anlagen nicht besser schickte als die juristische. „Ich verabscheue den Krieg, ich verehre den Tod!" bekannte er später. Aber er hoffte, dass der Offiziersdienst ihm mehr als das Richteramt Muße und Spielraum zum Verfolgen seiner höheren Lebensaufgaben, wie er sie damals schon erkannte, gewähren würde. Ohne alle militärische Vorbereitung erhielt er durch Gunst des genannten Ministers ein Offizierspatent und trat, zweiundzwanzigjährig, in das Regiment von Foix ein, welches in Bordeaux sein Standquartier hatte. Durch sittlichen Lebenswandel und strenge Pflichterfüllung im Beruf zeichnete er sich auch hier so aus, dass seine Kameraden, die zuerst seiner Grundsätze spotteten, ihn mit Achtung behandelten und ihn in seiner Art gewähren ließen; manche sogar schlossen sich ihm näher an. Seine Hauptbeschäftigung bildeten indes auch hier alte und neuere Sprachen und Literaturen, und in etwas die schönen Künste. Das Theater besuchte er damals gern und die Musik übte er als Geigenspiel. Vor allem aber gehörte sein Sinnen und Trachten doch der religiös-philosophischen Erkenntnis der höchsten Wahrheit. Ländliche Wanderungen waren dabei seine liebste Erholung.

Von größerer Bedeutung aber ward gerade hier in Bordeaux die Bekanntschaft, welche er mit einem Manne machte, der als kabbalistischer Mystiker und Theosoph daselbst Meister einer praktischen Schule von Anhängern seiner hervorragenden Persönlichkeit und seiner Geheimlehre war: **Don Martinez von Pasqualis.** Er war der Sohn eines portugiesischen Israeliten, der, wie so manche seiner Volksgenossen, um der Verfolgung zu entgehen, sich zum Katholizismus bekannte, dann aber doch nach Frankreich auswanderte und hier, in Grenoble, seinen hochbegabten Sohn im kabbalistischen Judentum erzog, während er ihn und sich selbst äußerlich zur Kirche hielt. Dies brauchte nicht bewusste Heuchelei zu sein, da die kabbalistisch-jüdische Überlieferung manche Tatsachen der christlichen Offenbarung, namentlich die der Menschwedung Gottes und der Erlösung durch den Messias sowie die Wiederherstellung aller Dinge zu ihrem göttlichen Ursprunge bekennt. Mit dieser Annahme verband der Sohn dann eigene Forschungen in der Magie und Theurgie, d.h. der Beherrschung der äußeren Natur durch übernatürliche Geisteskräfte, als dem Menschen Gottes verliehen. War diese Theosophie auch wohl nicht rein von falscher Gnostik, so übte sie doch, vornehmlich durch die bedeutende und liebenswürdige, dabei hochmoralische Persönlichkeit ihre Meisters großen Einfluss auf suchende Gemüter der damaligen, in ihren Tiefen aufgeregten und von dem Bestehenden in und um sich her unbefriedigten Gesellschaft. Die Kirche selbst war großenteils in äußerlichem Zeremoniell erstorben; die aufklärerische Philosophie eines Voltaire und der noch unter ihm stehenden Sensualisten konnte tiefere Geister ebenso wenig befriedigen; so suchte man nach neuen, rettenden Geheimnissen, wofür dann die im Grunde freilich un- oder halbgläubigen, zumeist deistischen Freimaurerlogen eine offene Tür boten. In diese trat Pasqualis ein und suchte, besonders seit 1754, wo er zuerst auftrat, sein kabbalistisches Lehrsystem zusammen mit einem theurgischen Ritus dort einzuführen, zugleich in der Absicht, die verschiedenen dort herrschenden Ansichten in eine einzige, die seinige, als die dem Christentum näherstehende, zu verschmelzen. Es gelang ihm auch anfangs, in Bordeaux und anderen größeren Städten Frankreichs, wie Lyon, Marseille, Toulouse und seit 1768 in Paris, eine Art Schule oder Geheimbund nach der Weise der Illuminaten und Rosenkreuzer zu stiften. Dabei hielt er sich selbst immer möglichst verborgen, nur diejenigen an sich ziehend, in denen sein durchschauendes Auge einen verwandten Geist zu erkennen glaubte. Man nannte dann Martinisten oder Martinezisten seine Anhänger, die mehr oder minder begeistert für ihn waren, während er doch sehr wenige in das Innerste seiner praktischen Lehrweisheit einzuführen für gut fand. Dieses Innerste scheint der Verkehr mit Geistern gewesen zu sein, als Zwischenwesen zwischen Gott und der Welt oder dem Menschen, welche obschon nicht ganz in und bei Gott verblieben wie die nie gefallenen Engel, doch erlösungsfähig und bedürftig, diese Erlösung und Wiederherstellung in ihren seligen Urzustand durch Vermittlung des erlösten und wiedergeborenen Menschen ersehnten, während sie ihrerseits dem Menschen zugleich behilflich seien, wenn er sich aus der Welt zu Gott erheben und so mit seiner eigenen Bekehrung und Wiedergeburt Ernst machen wollte. Das alles aber vollziehe sich nicht bloß auf geistige, sondern zugleich auf geistleibliche Weise, den Sinnen offenbar und fühlbar. In Pasqualis selbst scheint die Kraft der wirksamen, geist- und leibbeherrschenden Imagination so groß gewesen zu sein, dass er in einem seiner vertrautesten Anhänger noch längere Zeit nach seinem Tode sichtbar erschien, obschon nicht gerade zur Freude desselben. Wie viel in diesem allem mit dem zugleich auftretenden Mesmerismus („tierischen Magnetismus") und Swedenborgismus („Spiritismus") Verwandtes war, lassen wir dahingestellt bei der Spärlichkeit und Ungenauigkeit der davon überkommenen Nachrichten. Genug, es war dies wohl noch ein vermischtes Gebiet, ein „nachtbewusstes", und schwerlich mit der himmlischen Lichtgeburt aus dem gottmenschlichen Urquell ganz vereinbar.

Zwar in der Lehre zielte auch bei Pasqualis zuletzt alles auf das ewige Gott-Wort, den absoluten Offenbarer des Herzens Gottes, den Schöpfer und Wiederhersteller aller aus seinem Lebensgrunde ausgeflossenen Dinge, Geister und Welten. Ihn, den Messias selbst, wollte er durch die anziehende Kraft des Gebetes und der Glaubensbegierde (Imagination) erschaut und seine Stimme gehört haben. Seine erst um die Mitte dieses Jahrhunderts wieder aufgefundene und veröffentlichte Hauptschrift: „Über die Wiederherstellung der

Wesen in ihren ersten geistlichen und göttlichen Eigenschaften, Tugenden und Machtvollkommenheiten" (Traité sur la réintégration des êtres dans leurs premières propriétés, vertus et puissances spirituelles et divines) ist eine Reihe von erdachten — allegorischen — Unterredungen zwischen den Hauptpersonen des Alten Testamentes, eine Art Nachahmung der allegorisch-mythischen Erklärungen (Midraschim) der h. Schrift durch die ältere Synagoge. Inhaltlich ist es die Lehre von der Schöpfung als Ausfluss (Emanation) aus der Göttlichen Wesenheit, doch unter Wahrung des freien Schöpferwillens und der freien Persönlichkeit seiner geistbegabten Geschöpfe, also nicht bloß pantheistisch gedacht. Sodann die Lehre vom Fall der Geister und der Menschen infolge der Selbsterhebung Luzifers; das Sehnen aller nach der Erlösung und Wiederherstellung in das paradiesisch-himmlische Wesen des Ursprungs, wozu das ewige Wort in seiner Fleischwerdung und Erlösungstat den Weg eröffnete. Dieses habe uns zugleich gezeigt, wie auch wir, wenn wir unseren Willen dem göttlichen hingeben und gleich machen, zur ewigen Wiedervereinigung mit Ihm, dem Worte, gelangen können, und damit zum Genuss der Göttlichen Herrlichkeit, in welche Er selber nach Vollbringung seines Erdenwerken erhoben worden. Alsdann soll durch uns auch die gesamte, mitgefallene Kreatur, ja der abgefallene Engel selbst mit seiner Schar wieder in das erste gute und selige Wesen zurückgelangen und der dreieinige Gott Alles in Allen sein.

Diese Lehre, die etwa auf den letzten Punkt der biblischen Wahrheit nicht entgegen, und dann die einnehmende Person ihres Vertreters war es, welche auch St. Martin anzog und ihn in das Verhältnis eines Schülers zu Pasqualis treten ließ. Doch eben nur nach dieser theosophischen und religiösen Seite, nicht so nach der magisch-theurgischen und visionären. Als der von ihm noch lange Zeit hernach verehrte Meister nach etwa zehnjährigem Aufenthalt in Paris und anderen Orten seiner Tätigkeit plötzlich, man weiß nicht genau warum, vielleicht aus Enttäuschung, den Kreis seiner Freunde verließ und 1778 nach St. Domingo übersiedelte, wo er im Jahre darauf zu Port-au-Prince starb, entfernte sich St. Martin fast gänzlich von seiner weitverbreiteten, wenn auch immerhin an Zahl kleinen Anhängerschaft, ohne darum abzulassen, das Andenken des

Mannes zu ehren und manche von demselben aufgenommene Wahrheit sein ganzes Leben hindurch festzuhalten. So besonders die Annahme engelischer Geister als Vermittler der göttlichen Schöpfungs- und Erlösungsgnaden an die Menschheit. So schrieb er noch 1792 an einen Freund in Bern: „Ich glaube wie Sie, dass die Göttliche Weisheit sich gewisser Agenten und Kraftwesen (Vertus) bedient, um ihr Wort in unserem Innern hörbar zu machen." Aber nur auf geistige, nicht auf leiblich-magnetische („astrale") Weise wollte er von solcher Wirkung wissen und nichts zu tun haben mit unreinen Geistern oder auch mit den friedelosen, daher „umgehenden" Seelen Abgeschiedener, wie der heutige Spiritismus nach dem Vorgange des dafür so besonders empfänglichen Swedenborg und seiner „nordischen Schule". St. Martin warnte vielmehr seine Freunde vor allen zweideutigen Hilfen, die sich dem Menschen anbieten möchten und suchte in und vor allem das, was ihn näher zur Region des reinen Gotteslichtes, durch sittlich-religiöse Wiedergeburt, bringen konnte. „Die meisten von denen", schrieb er an denselben später zu nennenden Berner Freund, „welche damals mit mir dem Pasqualis folgten, haben von ihm Bekräftigungen erhalten, welche unserer geistigen Entwicklung von Nutzen sein konnten. Allein ich habe zu allen Zeiten eine so große Neigung zu dem inwendigen und verborgenen Wege gehabt, dass dieser äußere Weg (mittelst jener „Agenten" oder sinnenfälligen Geisterwirkungen) mich weiter nicht verleitet hat, selbst nicht in meiner großen Jugend." So wollte er auch mit den Freimaurerlogen nichts mehr zu tun haben.

Fünf Jahre nur dauerte die Offizierslaufbahn. Im Jahre 1771 quittierte er den Dienst, um sich ganz „seinem Gegenstande", wie er's nannte, zu widmen. Doch blieb ihm der äußere Charakter des Offiziers für alle Zeit aufgeprägt, nur verbunden mit der edelsten Bescheidenheit, Sanftmut und Feinheit, und nicht am wenigsten mit Sittenreinheit und Frömmigkeit ohne allen äußeren Schein. Seine hohe und tiefe Bildung, seine zugleich geist- und maßvolle, immer bald die höchsten Dinge ungesucht berührende Unterhaltung, die darum nicht weniger Heiterkeit mit Ernst vereinigte, sein ganzes Benehmen verschaffte ihm in Lyon, in Paris, oder wo er sich sonst forthin längere Zeit aufhielt, ungesucht Zutritt zu den höchsten Kreisen, und überall war und blieb er beliebt und geachtet, so wenig sein Rang oder Vermögen dazu beitragen konnten. Man wird durch ihn in dieser und anderer Hinsicht an den jungen Fenelon erinnert.

Er selbst nannte sich am liebsten, bald auch in seinen Schriften, den „unbekannten Philosophen". Damit wollte er wohl ausdrücken, einmal, dass er nicht zu den sogenannten Philosophen des Tages oder des damaligen atheistischen und sensualistischen Zeitgeistes gehören wollte, dann aber auch, dass seine Philosophie ihrer Natur nach der Menge unbekannt und verschlossen bleiben müsste, weil sie mit dem Gedanken des Höchsten zugleich Anforderungen an das Herz und das Gewissen verband, welchen nur immer wenige zu genügen gewillt sind. Wo er aber empfänglichen Gemütern begegnete, da öffnete er sich frei und gab hin, was von Schätzen der Weisheit zum Leben ihm zuteil geworden war. So konnte sein Biograph (Matter) mit einigem Recht von ihm sagen: „Weit entfernt, nach dem Beispiele seines früheren Meisters Pasqualis sein Leben zu verbergen und in geheimen Versammlungen — Logen — einzuschließen, trachtete der „unbekannte Philosoph" in Wahrheit eher danach, der bekannte Philosoph zu sein. Und er verdiente es zu sein, da er auf bewundernswerte Weise die beiden an einem Gelehrten seltensten und lobenswertesten Dinge verband, tiefes Denken und weltmännisches Benehmen. Er war sowohl für die Welt als für die ernste Philosophie gemacht, welche er jener mitzuteilen strebte."

Doch war das Weltmännische nur die Form, nicht der Geist und Gehalt seines Wesens, und ebenso war seine Philosophie ihm nur das Mittel zur Reinigung und Erhebung des Herzens, nicht zur Beschäftigung der bloß denkenden Vernunft oder der bloß bilderliefernden Phantasie. So konnte er von sich sagen: „Ich verabscheue den Geist der Welt, aber ich liebe die Menschen und die menschliche Gesellschaft. Eben hierin haben sich sieben Achtel meiner Beurteiler getäuscht." [428] Anderswo nannte er sich den „Robinson des Geisterreiches" [433]. Inmitten seines aristokratischen und weltlichen Umganges, den er vielfach pflegte, blieb er im Grunde einsam, und nur Einem Werke hingegeben, wie Einem

Meister. Darum verstanden ihn auch, wie er oft genug bekennen musste, die wenigsten.

Am besten verstanden ihn edlere weibliche Seelen. War doch die seinige selber durch Natur und Erziehung mehr weiblich als männlich geartet; und so war es nicht sowohl der geschlechtliche Gegensatz als die seelische Verwandtschaft, die ihn manchen begabten Frauen, wie diese ihm, geneigt machten. Freilich musste er bekennen, dass mit dem seelisch Gefühligen gar leicht ein feineres Sinnliches sich verbinde und dass dieses zu Zeiten wohl noch stärker sei als jenes, weshalb ein so Gearteter ganz besonders über sich zu wachen und alles zu meiden hat, was die Herzens- und Lebensreinheit allemal schwer trüben muss, wäre es auch nur als Phantasiegebilde. Das, was man in dieser Beziehung Liebe nennt, konnte bei ihm nicht leicht Raum gewinnen, geschweige zur Leidenschaft werden; es wandelte sich ihm alsbald in Freundschaft reiner und zuweilen inniger Art. Zwar dachte er einmal, als er im Alter von fünfunddreißig Jahren (1778) zu Toulouse sich aufhielt, auch an eine Heirat, oder doch andere dachten für ihn daran. Zuerst sollte es die Tochter einer „sehr liebenswürdigen Familie" daselbst sein, in der er viel verkehrte, dann eine ebendort sich aufhaltende junge Engländerin. Er selbst berichtet dies und fährt fort: „Aber alle diese Pläne sind verweht wie alle anderen, die nur an den Dingen dieser niederen Welt hafteten. Denn tausend Erfahrungen haben mich gelehrt, dass das Schicksal vergebens suchen würde, mich an sie zu binden, und dass ich nur für ein einzig Ding geboren sei. Glücklich, glücklich wäre ich, wenn die Verhältnisse meine Schwachheit nicht so oft sich selber überlassen und mich dadurch nicht zum Herabsinken statt zum Aufschwunge veranlasst hätten, welchen ich nie hätte unterlassen sollen." Und an anderer Stelle seiner Lebenserinnerung: „Ich vernehme im Grunde meiner Seele eine Stimme, die mir sagt, dass ich aus einem Lande sei, wo es keine Frauen gibt. Ohne Zweifel war dies die Ursache, weshalb alle Heirats-pläne, die man für mich machte, fehlschlugen. Das hindert aber nicht, dass seitdem ich eine tiefere Erkenntnis des weiblichen Wesens erlangte, ich dasselbe jetzt nicht noch mehr ehren und schätzen sollte als während der Aufwallungen meiner Jugend, obwohl ich auch weiß, dass der Grundstoff des Weibes noch mehr als der des Mannes entartet und zu fürchten ist." [171] (Vgl. seine anderweite, doch nur beiläufig anzuführende, weil in ihrem Witz leicht misszuverstehende Bemerkung: „Man muss sehr weise sein, um die Frau zu lieben, die man heiratet, und sehr kühn, um die Frau zu heiraten, die man liebt." [177])

Von allen den Frauen höheren und höchsten Ranges, mit denen der mystische Philosoph in näheren geistigen Verkehr trat, der dann mehr oder minder zu einer Art Seelenfreundschaft gedieh, nennen wir nur jene zwei, die ihm am nächsten standen und von denen er, wie sie mehr noch von ihm, am meisten empfing, ja deren eine ihm bis zu ihrem Lebensende derart geistig und seelisch verbunden blieb, dass er in seinen Aufzeichnungen sie fast nie anders als mit einem gemütvollen Beiworte bezeichnete. Doch zuvor, wie kam es zu diesen Bekanntschaften?

St. Martin verweilte nach seiner erlangten freien Verfügung über sich selbst wohl am längsten in Paris, wo er die meisten geistigen An-knüpfungspunkte fand und zugleich die meiste Gelegenheit, den herrschenden Weltgeist kennenzulernen, um ihn in sich und womöglich auch in anderen zu überwinden. Zwar sein erstes Hauptwerk „Irrtümer und Wahrheit" betitelt, schrieb er vor 1775 in Lyon, aber vor und nach ward Paris seine Wohnstätte. Hier lernte ihn die **Herzogin Louise von Bourbon** kennen; die edle und fromme Schwester jenes berüchtigten Wüstlings und späteren Revolutionsmannes, des Herzogs von Orleans, der als citoyen Philippe Égalité zuletzt unter der Guillotine endete, zu der er so viele Unschuldige hatte führen helfen. Als Herzogin von Orleans 1750 geboren, hatte sie „als Prinzessin von Geblüt eine zwar sorgfältige, aber zugleich beschränkte und vorurteilsvolle Erziehung erhalten, deren nächster Zweck dahin ging, ihr von der Welt so viel als möglich persönlichen Glanz und Ansehen zu geben. Allein das von innerem Drange bewegte Gemüt bedurfte höherer Richtungen und Gegenstände und wandte sich, nach schnell vorübergegangenem Anreiz der großen Welt und ihrer Leidenschaften und Kämpfe zu den Gebieten der Religion und der Wissenschaft. Da ihr Geist jedoch beide in einem anderen Sinne nahm, als damals gewöhnlich war, ihre Frömmigkeit sich ohne düstern Eifer und dumpfen Wahn zeigte, ihre Forschung nicht bei oberflächlichen

Ergebnissen dünkelhaften Witzes stehenblieb, so war sie den Frommen wie den Weltgesinnten unverständlich. Dem Aufsehen, welches ihre Geisteswendung hätte machen können, entging sie durch
den natürlichen Hang, ihr Leben still nach innen zu richten und das
Äußere leicht aufzugeben oder harmlos hinzunehmen, indem sie
durch Heiterkeit den Widerstand ausglich oder milderte." (Varn-
hagen v. Ense, Denkwürdigkeiten, 4. Band.)

Als Zweiundzwanzigjährige ohne ihre Neigung mit dem fast
sechs Jahre jüngeren Herzog von Bourbon vermählt, gebar sie
diesem zwar einen Knaben, doch erkältete sich das eheliche
Verhältnis zumal durch den zügellosen Leichtsinn des Gemahls
bald in dem Grade, dass auf dessen eigenes Betreiben die Ehe 1781
auch förmlich getrennt wurde. Hinfort konnte sie ganz ihrem
innersten Zuge, Gott in der Stille zu dienen, folgen. Ihr hochbegabter Geist, der Mystik geneigt und bald in dieselbe eingeweiht, fand
nunmehr an St. Martin einen geistlichen Freund und Führer, der
ihr auch bis zu seinem Tode, obschon dem Raume nach später
getrennt, dem Geiste nach immer nahe blieb. „Es knüpfte sich
zwischen beiden eine höhere Gemeinschaft und Innigkeit, welche
über Zeit und Leben hinaus schon den Felsenboden der Ewigkeit
erreicht." In ihrem kleinen Schlosse zu Paris gab sie zwar eine Zeit
lang, so lange er in Paris blieb, dem Freunde Wohnung, und auf ihr
Landgut in der Nähe durfte er sie auch manchmal begleiten oder
dort besuchen, ohne dass das reine Verhältnis je getrübt wurde.
Auch zur Zeit der Revolution wollte die Herzogin, ihr Leben und
Eigentum in Gottes Hände gebend, nicht wie so viele andere Adlige
aus dem Lande der Gräuel entfliehen, wenn ihr Leben auch bald
keinen Tag sicher war. Im August-Aufstande 1792, als gerade der
Freund auch zugegen war, wurde ihr Haus zum Hospital für Ver-
wundete und blieb darum wie durch ein Wunder vor Zerstörung
ebenso verschont wie ihr eigen Leben und dasjenige ihres Gastes,
der wie sie selbst nicht die mindeste Furcht hegte. Später gezwungen, Paris zu verlassen, in Marseille lange gefangen gehalten,
erhielt sie nach der Rückkehr in Paris den Direktorialbefehl, als
Glied des Hauses Bourbon Frankreich zu verlassen. Unter amt-
lichem Geleit wurde sie mit zwei Genossinnen nach Spanien
befördert und durfte erst nach Napoleons Sturz zurückkehren,

nachdem sie vorher hatte erleben müssen, dass ihr einziger Sohn, der Herzog von Enghien, in Baden aufgegriffen und von Napoleon zur Hinrichtung gebracht ward. Wie sie immer getan, so teilte sie auch die folgenden Jahre bis zu ihrem Ende zwischen Gebet, häuslichem Leben und Wohltätigkeit, und starb, ihrem lange gehegtem Wunsche gemäß, betend an heiliger Stätte, in der Kirche St. Genoveva, am 10. Januar 1822. Den Freund hatte sie stets im segnenden Andenken behalten; er selbst ihr zu Liebe das Büchlein „Ecce homo" seiner Zeit geschrieben, wovon später die Rede sein wird. Selbst von Spanien aus wurde der briefliche Verkehr nicht ganz aufgehoben. Besonders aber war sie bedacht, jüngere wahrheitssuchende Gemüter an den Freund zu weisen, so auch ihren amtlichen, persönlich gutherzigen, aber damals noch ungläubigen Begleiter ins Ausland. Sie schrieb ihm einmal: „Ich kann auf das Einzelne (der philosophischen Ansichten des jungen Mannes) nicht eingehen, noch will ich Ihre Meinungen zu bekämpfen suchen: ich fühle mich dazu nicht fähig, besonders nicht schriftlich. Aber ich wünschte, dass Sie die Bekanntschaft eines Mannes machten, der ein Brunnquell natürlicher und geistlicher Wissenschaft und dessen Äußeres dabei das Einfachste von der Welt ist; der die große Kraft besitzt, sich der Fassungskraft aller, die mit ihm sprechen, anzuschmiegen, und der sogar Kind mit Ihnen sein wird, wenn Sie ihm bloß kindliche Dinge vorbringen. Er vereinigt hiermit die sanfteste Gemütsart, die liebevollste Seele, aber er scheut die Welt und ihre Gesellschaften. Das macht ihn wenig umgänglich und sehr abweisend gegen die Zuvorkommenheiten, durch die man ihn anziehen will. Durch ihn werden Sie Licht empfangen, er wird Sie Schritt für Schritt zum Glauben leiten, durch ihre Vernunft selber als die einzige Fackel ihres Weges. Er ist der weiseste Mann der Welt, den die Unsinnigen für den törichsten halten. Stellen Sie Ihr Urteil über ihn ein, bis Sie die Eigenschaften seines Geistes und seines Herzens haben ergründen können, und dann werden Sie mir für seine Bekanntschaft danken, ich bin es gewiss." In einem späteren Schreiben an denselben, der nicht allzu eifrig war, der empfohlenen Bekanntschaft nachzugehen, heißt es: „Die Furcht vor dem gerechten Gott muss der erste Schritt zur Wahrheit sein; der zweite ist die Erkenntnis des zu unserer Erlösung menschgewordenen Gottes.

Wer sie nicht erfahren hat, kann diese Wahrheit bestreiten; aber wer sie empfunden hat wie ich, vermag nicht mehr daran zu zweifeln. Über die Macht dieses Gottmenschen und über seinen Ursprung, hierüber, mein Teurer, müssen Sie sich unterrichten lassen wie ein gutes kleines Kind durch diejenigen, welche weit entfernt, dies zu belächeln, Ihnen mit der Zeit und der Gelehrigkeit von Ihrer Seite die Dinge in einem ganz anderen Lichte werden zeigen können, als Sie bis jetzt dieselben wahrgenommen haben. Ich glaube Herrn v. Saint-Martin den Mann hierfür. Aber man muss nicht ungeduldig gegen ihn sein, nicht streitsüchtig, sondern sich unterweisen lassen; sonst zieht er sich zurück wie die Schnecke in ihre Schale, und man bringt nichts mehr aus ihm heraus."

Vielleicht zeichnen diese wenige Sätze aus persönlicher Bekanntschaft den Charakter Saint-Martins treffender als viele andere aus zweiter oder dritter Hand; zugleich aber auch den Charakter seiner Freundin und die Art dieser in und mit Gott beschlossenen Freundschaft selbst. Wohl nur ein etwas einseitiger Standpunkt könnte zu der Frage veranlassen, warum die Frau den jungen Mann weder an Geistliche — die hier solche der katholischen Kirche hätten sein müssen — noch an die h. Schrift wies. Mehr als das amtliche und meistens auch mehr als das geschriebene, gotteingegebene Wort pflegt das lebendige der davon durchdrungenen Persönlichkeit auf Herz und Seele zu wirken, obwohl Gottes Geist „wehet wo er will" und durch welche Mittel er will. Überdies bedurfte jener ungläubige Naturmensch wohl in der Tat zuvorderst einer so persönlichen, lebendigen Hinleitung durch einen Erfahrenen und Weisen, ehe er das Wort der h. Schrift zu lesen willig und zu stehen fähig war.

Bevor dir des anderen, noch geistinnigeren Verhältnisses St. Martins zu einer gleichaltrigen Frau gedenken, haben wir ihn auf einige Reisen ins Ausland zu begleiten. Schon 1775 hatte er für sich allein Italien, wenigstens das nördliche besucht, wohl aus keinem anderen Grunde, als um sich über dortige Regungen und Stimmungen in Bezug auf das, was ihn selber zuhöchst bewegte, zu unterrichten, bzw. für „sein Werk" der Erforschung und Ausbreitung der Wahrheit, die im Verborgenen liegt (Ps 51,8; 1Kor. 2,6) zu wirken und verwandte Geister kennenzulernen. Indes haben wir nur eine vereinzelte Aufzeichnung von ihm über diese Reise, nämlich über ein Zusammentreffen mit einem Mitgliede der Inquisition, von welchem er Schlimmes glaubte befürchten zu müssen für sich und sein Werk. Genug, er kehrte bald nach Frankreich zurück.

Erst 1787 finden wir ihn wieder auf Reisen. Diesmal zuerst nach England, dessen Sprache er verstand und dessen freiheitliche Einrichtungen und eigenartige Sitten ihn anzogen, während er zugleich, ja mehr noch, für sein inneres Trachten nach Gemeinschaft mit Gleichgesinnten wie nach eigener Fortbildung, Vertiefung und Stärkung in dem Erkannten in England mehrere Befriedigung zu finden hoffte. Besonders waren es die zerstreuten Anhänger der mystisch-theosophischen und visionären Jane Leade und ihrer „philadelphischen Gesellschaft" aus dem Ende des 17. und Anfange des 18. Jahrhunderts, bei denen St. Martin etwas Verwandtes zu finden hoffen durfte, und am meisten bei dem damals lebenden Geistlichen der anglikanischen Kirche, **William Law**, dem frommen Theosophen und Neuherausgeber einer älteren Übersetzung **J. Böhmes** ins Englische.

In der Tat wurde er und Law Freunde und Geistesgenossen. Wirkte doch auch der letztere in England in ähnlichem Sinne wie jener in Frankreich, nur noch mit größerem Erfolge als es hier möglich war. Beide scheinen einen Herzensbund geschlossen zu haben, und „wenn Law für seinen edlen Gast eine zärtliche Zuneigung hatte, so nannte St. Martin seinen Freunden gern den Namen und die Schriften seines Geistesbruders von jenseit des Kanals".

Wahrscheinlich durch Law wurde er in London bei dem greisen, prophetisch begabten Mystiker Best eingeführt, welcher u.a. seinen Besuchern öfters ein bezeichnendes Bibelwort mitzugeben pflegte. Als er den neuen Ankömmling bei sich eintreten sah, rief er sogleich aus: „Er hat die Welt hinter sich geworfen", und fügte später den Spruch aus Jeremias 33, 3 hinzu: Rufe mir, so will ich dir antworten, und ich will dir anzeigen große und gewaltige Dinge, die du nicht weißt. „Dies versetzte mich in hohe Freude, schrieb der so Angeredete nachher, und noch mehr, als es vierzehn Tage darauf in Erfüllung ging." Doch sagte er nicht, worauf diese Weissagung sich bezog und wie sie sich erfüllte.

In London lernte er mehrere Russen von Adel kennen, welche ebenfalls der Mystik und Theosophie zugeneigt waren, vielleicht aber mehr im Sinne Swedenborgs als in dem reineren des J. Böhme. Sie luden den Franzosen ein, mit ihnen nach Russland zu geben und dort für seine Anschauungen zu wirken. Selbst der Kaiserin Katharina II. war durch ihren Gesandten in London Kunde von ihm geworden, so dass sie sein Buch „Irrtümer und Wahrheit" von dem Erzbischof von Moskau begutachten ließ, was dieser im günstigsten Sinne tat. „Dennoch", schrieb der so Umworbene, „wie dringend mich meine Bekannten auch einluden, in ihr Land zu gehen, ich werde dahin nicht gehen, solange die gegenwärtige (bekanntlich unsittliche und gewalttätige) Kaiserin lebt. Und dann bin ich in einem Alter, wo ähnliche Reisen nicht mehr ohne ernste Erwägungen unternommen werden. Je mehr der Mensch im Alter vorrückt, desto wenige Zeit ist sein eigen."

Man wird hierbei unwillkürlich an Franz Baader den unternehmenderen deutschen Theosophen erinnert, welcher ein Menschenalter später so große Anstrengungen machte, freilich unter einem edleren und frommen Kaiser, der christlichen Wissenschaft und Religionsphilosophie (bzw. Theosophie) in Russland eine feste akademische Stätte zu bereiten. Es gelang ihm trotz seines Hinreisens schlecht und er musste erkennen, dass solche wohlgemeinte aber menschliche Propaganda nicht die Weise des göttlichen Geistes ist. St. Martin war hierin der Weisere: er wollte nur durch geöffnete Türen zu den Menschen eingehen. Freilich brannte in ihm nicht ein so mächtiges Feuer als in diesem Deutschen.

Dagegen ließ sich St. Martin bereitfinden, zwei jener russischen Freunde, den Fürsten Alexis Galitzin und einen Herrn Thiemann noch in demselben Jahre nach Italien und Rom zu begleiten. Doch dauerte der Aufenthalt hier nicht zu lange und Näheres darüber hat der Reisende uns nicht berichtet. Um Politik und selbst um das äußere Kirchentum sich wenig bekümmernd, suchte er wohl auch hier nur was er in London gesucht, was seinem Geiste verwandt war. „Da er aber in Rom weder Theosophie, noch Mystik, noch Theurgie fand, so besah er wenigstens die große Welt — weniger den Papst, glaube ich", sagt sein Lebensbeschreiber. Beiläufig sei hier bemerkt, dass er überhaupt mit Geistlichen lebenslang wenig Beziehungen hatte. „Mit Ausnahme des Pfarrers von St. Sulpice in Paris und weniger anderen Priester gleichen Ranges besuchte er keine." Wie es scheint, war es auf der Rückreise von Rom, dass St. Martin sich einige Tage mit einem anderen russischen Freunde bei der Herzogin Dorothea von Württemberg in Mömpelgard, ihrer kleinen elsässischen Residenz, aufhielt; er hatte sie zuvor in Paris kennengelernt. „Sie bewirtete uns, schrieb er, wie sie den Großfürsten von Russland, ihren Schwiegersohn, bewirtet haben würde. Es gab Feste auf Feste. Lebenslang werde ich mich des Frühstücks erinnern, das wir alle drei zusammen in der Grotte des Schlosses genossen. Ich empfand eine so reine und tiefe Bewegung, dass ich nicht umhin konnte, zu weinen."

So kam er, wie es scheint, ohne die Schweiz und Deutschland gesehen zu haben, im Jahre 1788 nach **Straßburg**. Der dreijährige Aufenthalt in dieser nach Sprache und Sitte noch immer mehr als halb deutschen Stadt ward entscheidend für sein Leben und seine Erkenntnis und damit auch für seine folgende schriftstellerischen Erzeugnisse. Denn hier machte er die Bekanntschaft nicht nur jener Frau, die ihm mehr wie alle andern seelen- und geistesverwandt erschien, sondern vermittelst dieser Deutschen, als der allerentsprechendsten Dolmetscherin, lernte er die Schriften seines „zweiten Meisters" kennen, des deutschen Theosophen und ersten aller Theosophen des Erdkreises, die uns ein Ganzes rein christlicher Theosophie hinterlassen haben: des Görlitzer **J. Böhme**. Hinfort hieß es bei ihm fast allemal, wenn er dieser beiden untereinander nach Zeit und Raum und äußerer Lebensstellung so Entfernten gedachte, nur: ma chérissime B., und mon chérissime B. (meine teuerste B. oder auch bloß: meine B.; mein teuerster B.) „So wie er diesen letzteren über alle seine Meister stellte, so jene über alle anderen Geistesfreundinnen." Auch über die Herzogin von Bourbon, die dazumal gerade in Straßburg sich aufhielt und mit der er so gerne verkehrte.

Charlotte von Böcklin, geborene von Röder, also ganz aus deutschem Adel, war so alt wie St. Martin selbst, d.h. damals fünfundvierzig Jahre alt, doch noch fast jugendlichen, dabei ernsten und mehr männlichen Wesens bei aller inneren Zartheit und Tiefe, von wohlwollender Freundlichkeit im Benehmen, sehr gebildet und sehr fromm bis zur theosophischen Mystik. Von Hause aus evangelisch, war sie katholisch geworden aus Familienrücksichten, bevor sie selbst die Tragweite dieses Schrittes zu würdigen wusste. An einen leichtsinnigen Mann verheiratet, lebte sie von demselben getrennt, doch nicht geschieden. So hatte sie, welche überdies Mutter und sogar Großmutter geworden war, alle mögliche Rücksicht zu nehmen in dieser Beziehung, wie andererseits in kirchlicher. Doch „wusste sie mit der ganzen Feinheit der Haltung, welchen vornehmer Umgang, Erziehung und Geschlecht ergeben, die schuldige Rücksicht auf die vorgesetzten Priester und den evangelischen Überzeugungen zu verbinden, welche sie bewahrte." Mit der Mystik war in ihr eine große Geistesfreiheit verbunden, wie ihre Briefe bezeugen. Ihre liebste Speise war J. Böhme neben der h. Schrift, die sie von ihrer Jugenderziehung her genau kannte und schätzte und in allen ihren Briefen verwertete. Aber auch der damals in Straßburg lebende, deshalb auch mit St. Martin näher befreundete Theosoph Salzmann wurde von ihr als Meister verehrt. Jenen ersteren aber stellte sie auch hinfort noch über St. Martin, den Schüler dieses erleuchteten Schuhmachers, und sie selbst war im Verhalten zu ihm mehr die wohlwollende, vermittelnde Führerin oder Einführerin in die Sprache und den Geist wie in die Werke jenes Deutschen überhaupt, als dass sie von ihrem Freunde ebenso begeistert eingenommen gewesen wäre wie er von ihr. Doch war sie ihm aufrichtig und herzlich zugetan. Er aber war gegen sie in dem Grade, dass er hauptsächlich um ihretwillen Straßburg sein Paradies nannte, wie Amboise seine Hölle und Paris sein Fegefeuer; aus Gründen, die wir bald kennenlernen.

Rudolf Salzmann, aus alter Straßburger Familie, hatte in Göttingen Rechts- und Geschichtsstudien gemacht und war daselbst dem Freiherrn v. Stein, dem späteren großen preußischen Minister, zum Berater und Studienleiter beigegeben gewesen. Damals aber gab er in Straßburg eine Zeitschrift heraus und schrieb, doch ohne seinen Namen zu nennen, Verschiedenes im Geiste mystisch-theosophischer Frömmigkeit, indem er zugleich in regem Briefverkehr mit französischen, schweizerischen und deutschen Mystikern stand, unter letzteren besonders mit Jung Stilling und dem Theosophen Eckartshausen in München. In deren Schriften, besonders aber in J. Böhme selbst, half er den neuen Freund mit einführen. Indem er aber selbst mehr Mystiker als eigentlicher Theosoph und für die Schriften der Frau v. Guyon und J. Stilling mehr eingenommen war als St. Martin es zu sein vermochte, dabei die Hoffnung des tausendjährigen Reiches besonders pflegte, überdies strenger gegen die äußere Welt sich abschloss, als jener es praktisch tat, so gedieh das gegenseitige Verhältnis nicht zu voller brüderlicher Gemeinschaft und löste sich nach St. Martins Fortgang von Straßburg allmählich auf.

Noch schneller ging dasjenige zu Ende, in welches der französische Theosoph mit dem schwedischen Baron **Silfershjelm**, dem Neffen und begeisterten Anhänger Swedenborgs, in Straßburg kam. Dieser wusste ihn zuerst bis zu gewissem Grade einzunehmen für Swedenborgische Ideen, so dass St. Martin auf desselben Anregung hin hievon manches in sein damals geschriebenes Buch „Der neue Mensch" aufnahm, was er aber später, vor Herausgabe desselben, größtenteils änderte. Je besser er J. Böhme verstehen lernte, desto ferner trat ihm Swedenborg, desto höher erhob er sich aus der „astralen" Region desselben in die rein geistliche und göttliche.

Außer den drei Genannten gab es noch so manche andere in Straßburg, Einheimische und Fremde, welche, auf der Höhe der Zeitbildung stehend, zugleich der christlichen Mystik vorzugsweise ergeben waren. Zeigte sich darin die Spur alter Überlieferung von Tauler und von den Gottesfreunden her? Genug, damals war es so, und diese damals rein deutsche, „freie und kaiserliche", dann politisch zu Frankreich zählende altertumsreiche Stadt vereinigte in ihren edleren Geschlechtern vielfach die Vorzüge beider Völker: deutsche Tiefe des Denkens mit französischer Klarheit und Feinheit der Formen, deutsche Frömmigkeit mit französischer Geistesfreiheit, ohne die letztere in ebenfalls französischen Libertinismus und freimaurerische Freigeistigkeit ausarten zu lassen. Alles zusammen, fühlte sich St. Martin an diesem Orte so wohl, dass er gerne für immer dort geblieben wäre und sagen durfte: „Diese Stadt ist eine derjenigen, an welcher mein Herz am meisten auf Erden hängt."

Allein dieses, immerhin zugleich etwas gefährliche seelische Wohlgefühl sollte bald seinem Gegenteil weichen, und zwar, dürfen wir wohl hinzusetzen, zum Besten für sein wahres inneres Leben nicht nur, sondern auch für die Erhaltung seines äußeren Lebens in den Stürmen der eingebrochenen Revolution.

Im Juni 1791 berief ihn sein alt und kränklich gewordener Vater — die fromme Stiefmutter muss früher gestorben sein — nach Amboise zurück, damit er ihn noch einmal vor dem Sterbe sähe, beziehungsweise der Sohn ihn pflege. Gehorsam wie immer befolgte dieser alsbald des Vaters Gebot. Hätte er's nicht getan und wäre in Straßburg geblieben, so hätte ihn, der während des Umsturzes aller staatlichen Ordnungen dennoch nicht aus seinem Lande fliehen wollte wie die meisten anderen Adligen, wahrscheinlich ein Verhaftbefehl aus Paris ereilt und zur Guillotine geschleppt. In Amboise, dem kleinen Orte, blieb er von jenen mörderischen Gewalten anfangs gänzlich unbeachtet und wurde dann sogar für die neue Ordnung der Dinge in mitwirkenden Anspruch genommen, wie wir sehen werden.

Aber zunächst war es seinem gefühlvollen Herzen ein grausamer Schmerz, den Ort seiner teuersten Freundschaft und seines bequemsten Böhmestudiums verlassen zu müssen. Er selbst schrieb darüber u.a.: „Drei Jahre hatte ich täglich meine innigste Freundin gesehen; wie hatten seit länger den Plan, zusammen (d.h. wohl in demselben Hause) zu wohnen, ohne ihn doch ausführen zu können; endlich führten wir ihn aus. Aber nach zwei Monaten musste ich mein Paradies verlassen, um meinen Vater zu pflegen. Der Tumult bei der Flucht des Königs (20. Juni 1791) verursachte, dass ich von Lüneville nach Straßburg noch einmal zurückkehrte, wo ich noch vierzehn Tage bei meiner Freundin zubrachte. Dann aber galt es wirklich Trennung. Ich befahl mich dem allmächtigen Gott meines Lebens, um dieses Kelches enthoben zu sein; aber ich empfand deutlich, dass obgleich dieses Opfer erschreckend für mich war, ich es bringen musste. Ich brachte es unter einem Strom von Tränen." Vielleicht war es nötig für sein besseres Teil.

Zur Kennzeichnung dieses einzigen Verhältnisses mögen übrigens noch folgende Äußerungen des Mannes in seinem „historischen Bildnis" dienen. Nachdem er seine Hauptbekanntschaften in

Straßburg aufgezählt, setzt er hinzu: „Der Name meiner teuren B. steht neben allen diesen Namen besonders." Anderswo: „Ich habe auf der Welt eine Freundin, wie es keine sonst gibt. („Sie ist nicht Weib.") Nur ihr bin ich imstande, meine Seele frei auszuschütten; nur mit ihr kann ich mich über alle die großen Gegenstände unterhalten, die mein Innerstes bewegen, weil nur sie dahin gelangt ist, wo ich den zu sehen wünsche, der mir von wahrhaftem Nutzen sein will. Aber wir sind getrennt durch die Umstände, trotz der Früchte, die ich dort hätte zeitigen können." Und dann fährt er im Tone des Gebetes fort: „Mein Gott, der du weißt, wie sehr ich ihrer bedarf, lass meine Sorgen zu ihr und die ihrigen zu mir gelangen, und kürze die Zeit unserer Trennung ab, wenn es möglich ist!" Anderswo schrieb er: „Jemand, den ich sehr hochschätze, sagte zuweilen zu mir, dass meine Augen Doppelgänger meiner Seele seien. Ich antwortete, dass ihre Seele die Doppelgängerin des guten Gottes sei und dass eben dieses meine Freude wie meinen Zug zu ihr begründe." [222] Endlich: „Es gibt zwei Wesen in der Welt, in deren Gegenwart mich Gott geliebt hat. Obgleich das eine der beiden eine Frau war — meine B. — so habe ich doch beide ebenso rein lieben können als ich Gott liebe und sie daher in Gottes Gegenwart lieben können. Und so nur muss man auch lieben, wenn Freundschaften von Dauer sein sollen."

In Amboise angelangt, erkannte er bald, dass seines Vater Krankheit so schlimm nicht mehr sei; seine Pflege war daher wenig vonnöten. Doch blieb er in des alten Mannes Nähe und ertrug dessen, wie es scheint, mürrisches und überdies aller Mystik und Spekulation völlig abgewandtes Wesen mit der Geduld des Sohnes und des Christen. Freilich vermochte er zuweilen einiger Klagen sich nicht zu enthalten; andererseits aber durfte er bekennen: „Mit Darlegung meines Herzens habe ich Gott gebeten, das geistliche Leben dem zu geben, durch welchen nach Seiner Zulassung ich das zeitliche Leben empfing, und ihn so vor dem (ewigen) Tode zu bewahren. Diese Belohnung zugunsten dessen, den ich ehre, würde eine der süßesten Freuden sein, die mir zuteilwerden konnten, und würde alle Prüfungen, die ich durch ihn und seinetwegen erfuhr, ausgeglichen haben." Wo er auch gerade sich befindet, kaum hört er das Rufen des Greises, so eilt er mit der Folgsamkeit eines Kindes zu ihm, und obgleich er nicht einmal die Genugtuung hat, ihm wirklich nützlich zu sein, ist er bereit, ihn nicht zu verlassen bis an sein Lebensende.

Als er ein Jahr darauf einst einen Besuch auf dem Landgute der Herzogin von Bourbon gemacht und einige Zeit der Ruhe genossen hatte, rief ihn der Vater nach Amboise zurück. Der Sohn schreibt: „Ohne die mächtige Hilfe meines Freundes Böhme (soll heißen, des in seinen Schriften wehenden Gottesgeistes) und ohne die Briefe meiner teuren Freundin B. würde ich in den ersten Augenblicken, wo ich in meine Vaterstadt zurück musste, vernichtet gewesen sein: so nichtig waren die Dinge, die ich dort zu besorgen, so gering die Stützen, die ich dort zu erwarten hatte. Dennoch, ungeachtet jener beiden Trostmittel, habe ich solche Schläge der Vernichtigung (secousses de néant) empfangen, dass ich sagen kann, ich habe daselbst die Hölle des Eises und der völligsten Verlassenheit kennengelernt." Dem „Menschen der Sehnsucht", wie es St. Martin von Natur und Geist war, oder was dasselbe, dem Menschen des wahren Heimwehs wird diese Sprache weder unwahr noch lächerlich vorkommen. Freilich mochte noch ein anderes Gefühl als dasjenige des persönlichen Liebemangels ihn damals bestürmen: jenes, dass all sein Streben für die Menschheit und deren Bekehrung zum Heil so gut wie vergebens sein möchte. Ob darauf, oder auf anderes, die Worte deuten, welche er den eben erwähnten fast unmittelbar anschloss: „Mein Gott, dein Wille geschehe! Meine teuerste Freundin erinnerte mich an das Wort des h. Paulus (1Kor 7,20): Ein jeder bleibe in dem Beruf, in den Gott ihn berufen hat. Es liegt ein wichtiger Sinn für mich in dieser Stelle, denn ich befand mich unter der nämlichen Macht, als mir die Laufbahn eröffnet wurde." Meinte er die Laufbahn des Schriftstellers und gleichsam Propheten oder Reformators seines Volkes? Meinte er etwas Seelisch-Persönlicheres? Wir wissen's nicht und lassen es dahin gestellt. Wohl aber mögen wir mit seinem landsmännischen Biographen sagen: „Was für Mysterien bleiben immer dem Leben eines Menschen übrig — selbst desjenigen, der sich mit der größten Bescheidenheit und Aufrichtigkeit schildert!" Umso mehr und tiefere Mysterien, setzen wir hinzu, je tiefer und zarter besaitet das Gemüt eines Menschen ist und je mehr es trägt an dem, was die ganze Welt zu tragen hat und doch wenig genug trägt. Es ist der verborgene Engel, der edle Sklave, ja der gefesselte Riese in uns, der nach Freiheit ringt und sie doch auch mit eisernen Kräften nie erringen kann; der das Paradies sucht, aus dem er durch seine Schuld verstoßen ist, die ewige Heimat, aus der er in diese Weltwüste verbannt worden.

> „ — — O wie sehnt die gebundne
> Seele, schmachtend, sich hier, schlägt mit Fittigen,
> Hoffet, ängstet sich, weint, lächelt, empfindet es,
> Dass ihr Wissen nur Ahnung,
> Ihre Wonne nur Sehnsucht sei!"

Dieses Wort des deutschen Dichters und Christen (Fr. L. v. Stolberg) scheint der französische Theosoph wie wenige andere an sich erfahren zu haben, wie nicht nur sein Leben, sondern auch alle seine Schriften bezeugen. Hier nur eine seiner Äußerungen über sich selbst. „Fast alle Umstände meines Lebens haben mir bewiesen, dass über mich beschlossen sei, dass ich mich meinem Ziel wohl nähern, aber nicht es erreichen würde; doch war mir der Sinn und Geist dieses höheren Ratschlusses noch nicht enthüllt worden. Heute, am 31. Januar 1792, ward mir diese Erkenntnis gegeben. Sie lehrt mich, dass dieser Ratschluss infolge einer Voraussicht der Weisheit über mich ergangen sei. Denn wären meine äußeren Umstände ebenso günstig gewesen als mein Geist leicht bereit war, so würde ich weiter vorgedrungen sein, als es einem gebrechlichen Wesen geziemt, und würde verlautbart haben, was vielleicht noch verborgen bleiben soll: so durchsichtig war mein astralisches Wesen. Ich spreche nicht von den menschlichen Wissenschaften, in denen ich ebenso wohl allzu lange mich aufgehalten haben würde und die mir in mehr als einem Sinn hätten schaden können."

In der Tat mochte ebenso St. Martins liebende Seele wie sein forschender Blick in Straßburg zu weit vorgedrungen sein, wäre ihm dort ein längerer Aufenthalt beschieden gewesen. Es war also eine Gnade der mütterlichen, aber auch väterlichen, strenge erziehenden Göttlichen Weisheit, oder was dasselbe, eine Weisheit der Gnade, die ihm angesichts seines vermeintlich schönsten Lebenszieles fortnahm und ihn noch ernstlicher lehrte, dass nichts geht über den Gehorsam, und dass allein in demütiger Entsagung Heil für den durch Begier gefallenen Erdenmenschen ist.

Übrigens starb sein Vater, den er stets geehrt und kindlich geliebt hatte, im Januar 1793, in dem Monat der Hinrichtung seines Königs. Dadurch erhielt der Sohn die freie Verfügung über sein kleines Vermögen, das freilich in den Stürmen der Zeit so zusammenschmolz, dass es auch für seine einfache Bedürfnisse kaum genügte. Doch trug er daran nicht schwer und brauchte niemand zu bitten. „Mächtige Gönner erboten sich, ihm das Ordenskreuz des h. Ludwig mit einem Jahrgehalte zu verschaffen, allein er lehnte beides ab", wenn er auch den Orden nachher erhielt.

Indes sollten ihm die folgenden Jahre manchen Ersatz und manche Genugtuung in fruchtbarer Tätigkeit bieten. Nicht nur dass er zuweilen für eine etwas längere Zeit in Paris und dessen Nähe, bei den älteren Freunden und besonders bei der Herzogin von Bourbon auch auf deren Landgut (Petit-Bourg) weilen durfte, so entspann sich auch eine neue, freilich nur briefliche aber höchst lebendige und fruchtbringende Bekanntschaft mit einem in jeder Beziehung hochstehenden Schweizer, die ihn noch tiefer als bisher in deutsche Theosophie einführte und ihm eine Quelle geistiger Anregungen ward. Doch zuvor haben wir ein Anderes zu berichten.

Die französische Revolution war ausgebrochen, nachdem sie so lange her durch die schwersten Missstände im gesellschaftlichen und staatlichen Leben wie durch die seichtesten und andererseits abgründlichsten Irrlehren der Philosophie vorbereitet und recht eigentlich gezeugt war. St. Martin hatte sich von Anfang den vollendeten Tatsachen wie den Dekreten der neuen Machthaber gefügt, indem er sogar Gutes von der großen Umwälzung aller, zumal der so tief verderbten Zustände erwartete, wenn er auch bald dahin geführt wurde, die Gräuel der Umsturzmänner als ein Gottesgericht über sein Volk und über die Menschheit anzusehen. Dies hinderte ihn aber nicht, den vorhandenen Gewalten als Bürger seines Landes allen Gehorsam zu leisten, ja an seinem bescheidenen Teile nach der Richtung des Guten hin mitzuwirken da, „wo es sich weder darum handelte, die Menschen zu richten, noch sie zu töten" — wie er selbst es bezeichnete. Dies hatte zur Folge, dass er schon im Jahre 1791, als er Straßburg verließ, zusammen mit dreien der berühmtesten Männer (Condorcet; Sieyes und Bernardin de St. Pierre) zum Erzieher des jungen Dauphin von Frankreich, jenes unglücklichen Kindes, in Vorschlag gebracht wurde. Infolge eines Dekrets der Machthaber musste er freilich Paris im Frühjahr 1794 verlassen, da allen Adligen der fernere Aufenthalt daselbst untersagt wurde. „Denken wir nimmer daran, rief er aus, hier auf Erden längere oder kürzere Zeit zu wohnen, aber arbeiten wir unablässig an unserer Bereitschaft, sie zu verlassen. Amen." So musste er auch den Briefverkehr mit der Straßburger Freundin für lange Zeit aufgeben, da diese „nicht auf dem Polizeibureau von seinen Briefen Kenntnis nehmen wollte". Das machte ihm Amboise noch mehr zur Hölle, doch er trug es geduldig und gab keinerlei Anlass zu Verdächtigungen.

So kam es, dass er noch im nämlichen Sommer beauftragt wurde, einen Katalog der Bücher und Handschriften zu fertigen, welche aus den durch das Gesetz aufgehobenen kirchlichen Anstalten seiner Provinz zusammengebracht waren. Er betrachtete diese Arbeit, so wenig er die Bücher als solche sonst liebte, als einen Liebesdienst, dem Vaterlande geleistet, ja „als eine wichtige und seinem Geiste nützliche Aufgabe". Er fand darin Unterweisung und „süßeste Genüsse für sein Herz". Fand er doch bei dieser Arbeit u.a. eine alte, vergessene Klostergeschichte: **„Das Leben der (Karmeliter-) Schwester Margarete vom h. Sakrament"**, die ihn entzückte. Diese fromme und einfältige, um Liebe leidende, von den materialistischen Ärzten in Verkennung der geistigen Ursache ihres Leidens sehr übel behandelte, aber alles mit Geduld tragende Nonne aus dem 17. Jahrhundert ward ihm dadurch so zur Erbauung, dass sie „in der Ordnung der Wiedergeburt und der Tugenden der Liebe eine Stufe erreicht hatte, wie sie unserer Natur überhaupt möglich ist". Zugleich hatte er dabei willkommenen Anlass zu bemerken, dass wenn die ärztliche Kunst nicht dem Übernatürlichen in unserem Wesen Rechnung trägt, sie nicht besser gegründet ist als die Philosophie und schließlich den Leib tötet wie diese die Seele. Er sagte: „Wenn diese Jungfrau von ihrem Rechte Gebrauch gemacht hätte, würde sie ihre Ärzte ebenso haben zu Boden strecken können wie Christus die Häscher, die ihn im Ölgarten greifen wollten."

Noch im Herbste desselben Jahres wurde St. Martin, so groß auch sein Ansehen als Mann von Weisheit und Gerechtigkeit, von seinem heimatlichen Bezirk nach Paris gesandt, um mit vielen anderen Erwählten aus allen Teilen des Landes einen Kursus durchzumachen an der von der republikanischen Regierung gegründeten Normalschule, welche des Vertrauens würdige Bürger zu Lehrern so ausbilden sollte, dass sie danach, in ihre Heimat zurückgekehrt, die eigentlichen Volkslehrer unterweisen könnten. So wenig der Mann des inneren Lebens und des theosophischen Denkens sich dazu geschickt fühlen mochte, zumal in einem Alter von über fünfzig Jahren, so hielt er es doch für Pflicht des Bürgers und zugleich für göttliche Pflicht, dem Rufe zu folgen, trotzdem er erst seinen Ausweisungsbefehl als Adliger rückgängig zu machen hatte, was denn bald gelang. Er schrieb darüber kurz vor seiner Abreise zur Hauptstadt an den Schweizer Freund: „Diese Sendung kann mir in mancher Beziehung sehr entgegen sein. Sie wird meinen Geist unter die einfachen Lehren des Kindesalters beugen. Sie wird mich auch etwas in das äußere Wort werfen, mich, der ich nichts anderes als das inwendige Wort mehr hören noch vorziehen möchte. Aber sie hat auch eine weniger abstoßende Seite für mich; es ist die, zu glauben, dass alles in dieser großen Revolution so verbunden ist, dass die Hand der Vorsehung darin zu sehen ein Lohn für mich ist. Insofern gibt es nichts Kleines für mich, und wäre ich nur ein Sandkorn in dem großen Bau, welchen Gott den Völkern bereiten will, so darf ich nicht widerstehen, wenn man mich ruft. Der Hauptbeweggrund meiner Annahme ist der Gedanke, dass ich mit Gottes Hilfe hoffen darf, durch meine Anwesenheit und meine Gebete einen Teil der Hindernisse wegzuräumen, welche der Feind alles Guten nicht verfehlen wird, in diese große Laufbahn (der Volksunterweisung) zu werfen, die sich öffnen will, und vor der das Glück so vieler Geschlechter abhängt. Ich bekenne, dass dieser Gedanke für mich tröstlich ist. Und wenn ich nur einen einzigen Tropfen des Giftes abwenden könnte, das der Feind in die Wurzel auch dieses Baumes zu spritzen suchen wird, der mit seinem Schatten mein ganzes

Vaterland bedecken soll, so würde ich für Sünde halten zurückzuweichen."

In dieser Gesinnung, den Erfolg Gott anheimstellend, begab er sich noch vor Ablauf des Jahres nach Paris. Wenige Tage nach seiner Ankunft hatte er als Nationalgardist die Wache am „Tempel", dem Staatsgefängnis, zu beziehen, in welchem damals der junge, verlassene Königssohn schmachtete, derselbe, dessen Erzieher er hatte werden sollen! Aber St. Martin tat einfach das, was er für Bürgerpflicht hielt, ohne zu grübeln. Dass er nicht aus Furcht für sich selber es tat, dürfen wir seinem Charakter wohl zutrauen. Er war im Grunde doch Bürger einer anderen Welt.

Mit so großen Hoffnungen indes, als er der Eröffnung der Normalschule entgegengesehen hatte, mit so großer Betrübnis über ihren Missverlauf musste er sie verlassen, so dass er ihren schnellen Schluss nicht einmal bedauern konnte, vielmehr selbst voraussagte. Schon die Eröffnung Ende Januar 1795 zeigte ihm klar den unter Lehren und Schülern herrschenden Geist. „Es ist", schrieb er, „nur der reine Weltgeist (,spiritus mundi') in unseren Normalschulen, und ich sehe wohl, wer sich unter diesem Mantel verbirgt. Doch werde ich alles tun, was die Umstände mir erlauben werden, um den einzigen Zweck zu erfüllen, den ich bei der Annahme im Auge hatte. Es ist viel, wenn ich innerhalb eines Monats ein- oder zweimal zum Worte komme, und das nur auf fünf oder sechs Minuten, vor zweitausend Personen, denen man dazu vorher die Ohren öffnen musste. Aber ich überlasse die Sorge für Samen und Wachstum der Vorsehung; ich werde tun, was ich kann, und kann nichts tun, wenn diese es nicht so fügt. Ich erwarte also nicht mehr das alles, was mein Wunsch mich hatte erhoffen lassen. Indes kann immer etwas herauskommen, so wenig es sei; ich darf mich der Sache nicht weigern."

Und es kam weit mehr für ihn und für viele heraus, als er und ein anderer Mensch denken konnte. Nachdem er mehrmals mit hohem Ernste das Wort in öffentlicher Versammlung genommen, um die großen Grundsätze und Grundgesetze der erkannten Wahrheit auszusprechen, sollte es zu einer entscheidenden Wendung durch eine Diskussion mit einem der Vorsteher der Schulen kommen, in welcher St. Martin den unbestrittenen Sieg über diesen seinen sensualistischen und materialistischen Gegner, dem Professor und ehemaligen Minister Garat davontrug. „Die Schlacht Garat" nennt es sein Lebensbeschreiber. Er selbst aber durfte an den Freund schreiben, ohne sich zu überheben: „Ich habe einen Stein wider die Stirn eines der Goliathe unserer Normalschule geschleudert in offener Versammlung, und obschon er Professor ist, waren die Lacher nicht auf seiner Seite. Es war eine Pflicht, die ich erfüllte, das Reich der Wahrheit zu verteidigen, und ich erwarte keine andere Belohnung als die meines Gewissens." In der Tat war hier St. Martin wohl der erste in Frankreich, welcher öffentlich wagte, dem herrschenden nihilistischen, weil materialistischen und atheistischen System einen weit nachhallenden Stoß zu versetzen. Das Nähere werden wir später bei den Schriften ersehen, denn diese Redekämpfe wurden gedruckt, und St. Martin selbst gab seine ganze Verantwortung noch besonders heraus.

Als, wie nicht anders zu erwarten bei der Zerfahrenheit der Ansichten und „Schüler", die hohe Normalschule nach nur vierjähriger Dauer für immer geschlossen wurde, schrieb er, der den Fall vorhergesagt: „Man begräbt unsere Schulen den 30. dieses Monats (Mai oder „Floreal") ... Ich sehe es als eine Wirkung der Vorsehung an, dass sie vernichtet sind. Ich werde nach Hause zurückkehren, wofern ich mich nicht in der Umgebung von Paris niederlasse, was immer mein Wunsch war. Aber kann man in den Erschütterungen der Gegenwart auch einen Plan hegen?" — Erst acht Jahre später sollte der im Leben so vielfach Umhergeworfene einen Ruheplatz bei Paris finden und zwar für immer. Jetzt aber ging er nach Amboise zurück, um dort seine Angelegenheiten zu ordnen und dann womöglich Paris zum bleibenderen Aufenthalte zu wählen, da Straßburg, man weiß nicht warum, es nicht mehr sein konnte. Daneben kam ihm auch der Gedanke, sich als Professor der Geschichte an der höheren Schule zu Tours, der Hauptstadt seiner heimatlichen Provinz, anstellen zu lassen, wozu ihm die Tür offenstand; doch ließ er mit Recht denselben bald fallen, da er sich weder die Kenntnisse noch das Lehrtalent, noch überhaupt Beruf und Neigung dafür zutrauen konnte.

In Amboise aber wählte man ihn, erfreut über seinen Erfolg in Paris wie über seine schnelle Rückkunft, zum Mitgliede des Wahlmännerausschusses des Departements und er weigerte sich schließlich nicht, das Amt anzunehmen, zumal es ihn nur „acht bis zehn Tage beanspruchte" und „Wähler sein nicht heiße, Abgeordneter sein". Er hätte letzteres werden können, aber er tat keinen Schritt, es zu werden. Seine Aufgabe, das fühlte er bei aller Teilnahme für die Geschicke seines Landes und Volkes, war ganz anderer Art, und diese allein suchte er zu erfüllen, solange er lebte.

Inmitten aller dieser äußeren und inneren Bewegungen hatte St. Martin nie abgelassen, seine Muße auf das Studium der deutschen Sprache um der Werke Böhmes willen und auf deren Übersetzung in seine Muttersprache zu verwenden. Hierzu sollte ihm eine große Hilfe in dem neuen Freunde werden, den ihm Gottes Vorsehung — wie er selbst es immer so gern nannte — zuführte, nachdem seine „teuerste B." ihm, so scheint es, durch die Verhältnisse mehr entrückt war. Es war der schon erwähnte Schweizer, **Nikolaus Anton Kirchberger, Freiherr von Liebesdorf** zu Bern, Mitglied des großen Rates seines Kantons und zugleich Oberst im schweizerischen Heere, ebenso tüchtig als Mann der Geschäfte wie erfahren in Philosophie. Er war evangelisch (reformiert) und vier Jahre älter als St. Martin, dessen Lebensbeschreiber jenen bezeichnet als einen Mann „von vielem Geiste, lebhafter Wissbegier, sehr unterrichtet, Frager wie ein Deutscher, der alles wissen will, was man überhaupt weiß, ohne Zweifel von sehr hohen Sitten" — und edlem Charakter, dürfen wir hinzusetzen. Mit Kants Philosophie vertraut und zugleich den Naturwissenschaften ergeben, soweit sie eine philosophische Seite darbieten, hatte er frühe Rousseaus Aufmerksamkeit auf sich gezogen, sich dann aber unbefriedigt von demselben abgewendet und suchte nun, nachdem er St. Martins Buch „Irrtümer und Wahrheit" gelesen, brieflichen Aufschluß von dem Verfasser über mehreres, was ihm darin unverständlich geblieben war. Das geschah im Mai 1792 und war der Anfang fast unausgesetzten Briefverkehrs zwischen beiden Männern, eines Verkehrs, der fast ausschließlich die höchsten und ewigen Dinge zum Gegenstand hatte, die zeitlichen und politischen nur beiläufig berührend, zugleich aber Zeugnis gab von der feinen, edlen und frommen Gemütsart beider, einander immer näher kommenden Freunde. Dabei wurde die geistige Förderung, in der anfänglich St. Martin der gebende, der andere der empfangende Teil war, immer mehr eine wechselseitige, indem letzterer vermöge seiner besseren Kenntnis der deutschen Sprache und seiner anderweitigen Kenntnisse auf theosophischem Gebiet seinem Lehrer vieles mitteilen konnte, was diesem zum hohen geistigen Genuss und zur Vertiefung und Reinigung seiner eigenen Erkenntnis dienen konnte.

Zunächst aber hatte der Angesprochene Mühe, der Wissbegier seines Schweizer Freundes einige Schranken zu setzen, ihn von der Spekulation auf die Praxis, nämlich die innere Praxis des Gemüts zu führen. Er verwies ihn, da unmöglich war, alle seine Fragen im ersten Briefe gründlich zu beantworten, auf die h. Schrift, auf Böhme, und gab einiges dazu, ohne die Gegenstände erschöpfen zu wollen. Er erinnerte vornehmlich daran, einmal dass jede gute Pflanzung, selbst unter dem besten aller Gärtner, Zeit zum Wachstum verlange, besonders aber, dass die wahre Mystik weniger ein glänzendes Studium oder eine schnellfertige Kenntnisnahme als eine heilige Übung und ernste Selbstbesserung erfordere. „Wundern Sie sich nicht", schrieb er, „dass ich Ihnen nicht bestimmtere Aufklärungen über einen Gegenstand erteilen kann, der nur in der Ausübung und Erfahrung besteht". Und während der Befreundete noch an magnetischen oder magischen Experimenten Gefallen fand, sagte ihm jener (12. Juli 92): „Ich fühle in mir jederzeit eine so große Neigung zu dem inneren und verborgenen Wege, dass dieser äußere Weg (die Geheimnisse der Menschennatur zu erforschen) mich selbst in meiner größten Jugend nicht hat verführen konnten. Im Alter von dreiundzwanzig Jahren hatte man mir alles auf demselben eröffnet (er meint seinen „ersten Lehrer", Don Pasqualis). Aber selbst inmitten dieser anziehenden Dinge, der Mittel, Formen und Vorbereitungen aller Art, geschah es mehrmals, dass ich unserem Lehrer sagte: „Wie, Lehrer, bedarf es des alles, um den guten Gott zu bitten (zu ihm zu beten)?" — Immer wies er den wissbegierigen Freund auf J. Böhme. So am 25. August 92: „In J.B. finde ich ein Gewicht von unerschütterlicher Festigkeit, ich finde darin eine Tiefe und Erhabenheit, eine so vollkömmliche und kräftige Speise, dass ich gestehe, ich würde meine Zeit zu verlieren glauben, wenn ich sie anderswo suchte. Ich habe alle anderen Bücher darangegeben." Am 28. September 92: „Ich bin in einer fast völligen geistigen Vereinsamung; aber Freund J.B und unsere h. Schrift sind mir Stütze und Trost. Das ist eine Gnade der Vorsehung, die mich hat J.B. kennenlernen lassen, bevor ich in die Verbannung beschlossen wurde, in der ich heute (in Amboise) bin." Ferner, am 23. Januar 94: „Was die Freimaurerei betrifft, die Sie erwähnen, kenne ich sie gar nicht und kann Ihnen also darüber keine Auskunft geben. Sie wissen meinen Geschmack für das Einfache, und wie sehr sich dieser Geschmack durch meine Lieblingslektüre verstärkt hat." Ferner: „Ich gestehe Ihnen, dass ein Blick auf solche Reichtümer, wie sie Ihnen (in der deutschen Theosophie) eröffnet sind und deren sie nach Herzenslust genießen können wegen Ihrer Sprachkenntnis und aller der zeitlichen Vorteile, welche der politische Friede Ihnen verschafft, ich manchmal traurig bin, wenn Sie mich über Logen und andere Lappalien dieser Art um Rat fragen — mich, der ich in meiner schmerzlichen Lage nötig hätte, dass man mich immerfort in jenes Heimatland trüge, wohin alle meine Wünsche und Bedürfnisse mich rufen, aber wo mich festzusetzen dann und wann, alle meine gesammelten Kräfte nicht genügen, bei der völligen Abgeschlossenheit, in der ich hier (in Amboise) in Betreff dieser Dinge lebe. Ich sehe mich an wie einen Robinson Crusoe des Geisterreiches ..."

Und im September desselben Jahres: „Unser Reich ist nicht von dieser Welt. Das sollten wir uns alle Augenblicke sagen, unter Ausschluss jeder anderen Sache, keine ausgenommen. Und doch sagen wir's uns nie, es sei denn mit der Spitze unserer Lippen. Aber die Wahrheit, welche dieses Wort verkündigt hat, kann nicht gestatten, dass es ein leeres Wort sei; und sie zerbricht selbst die Fesseln, die uns überall an die Täuschung des Scheins binden, um uns der Freiheit und dem Gesicht unseres wahren Lebens wiederzugeben. — Unsere gegenwärtige **Revolution**, die ich unter diesem Gesichtspunkt betrachte, scheint mir eine der nachdrücklichsten Predigten, die je in dieser Welt gehalten worden. Bitten wir, dass die Menschen daraus Nutzen ziehen! Ich bitte darum, nicht in die Zahl derer zu kommen, welche als Mittel der Strafgerechtigkeit dabei dienen müssen. Ich bitte darum, nie das Evangelium zu vergessen, so wie der Geist es unserem Herzen verständlich machen will. Und wo ich auch bin, werde ich glücklich sein, weil ich es sein werde mit dem Geiste der Wahrheit." Endlich folgende Worte: „Ich beglückwünsche Sie mehr als je, die Luft des staatlichen Friedens zu atmen. (Wie bald sollte dieser Friede auch in der Schweiz, von Frankreich her, zerstört werden!) Die Verhältnisse wollen, dass ich eine andere Luft atme. Ich unterwerfe mich und bete an. Alsdann empfinde ich einen Frieden, welcher den der Erde wohl aufwiegt. Aber wachen muss man, dass er dauerhaft sei."

Während St. Martin die Schriften seines englischen Anhängers **Law** dem Schweizer Freunde nebenbei empfahl, machte dieser ihn vor vielen anderen mit **J. G. Gichtel** bekannt, dem hervorragendsten Nachfolger J. Böhmes, selber begabt und erleuchtet von der himmlischen Weisheit wie wenige vor und nach ihm. Geboren 1738 in Regensburg in lutherisch-evangelischer Familie von Stande, hatte er die Rechte studiert und war als Advokat sehr angesehen. Aber im Grunde seiner Seele von Gottes Geist erweckt und tiefbewegt von dem traurigen Zustande seiner und anderer Kirchen, ließ er alle Ämter und hohen, ihm selbst vom kaiserlichen Hofe zu Wien zugedachten Ehren und trachtete einzig dahin, die „verfallene Hütte Davids" wieder aufzurichten, die Kirchen in ihren Trägern wieder auf den rechten Grund der Apostel und Propheten, d.h. Jesu Christi selber zu stellen, dass sie nicht mehr um begriffliche Lehren zanke, sondern von heiligen Geiste sich erneuern und regieren lasse. Ein dahin zielendes Sendschreiben an die lutherischen Geistlichen wurde auch von vielen Seiten gut aufgenommen. Als sich's aber um die Ausführung der Zucht zur Erneuerung handelte, wichen fast alle zurück. Inzwischen hatte G. eine weitere Erleuchtung erhalten, die ihn in das Schweigen und in die Stille wies und ihm desto mehr eine innere priesterliche Gebetsarbeit auferlegte, in der er dann auch aufs getreueste bis an sein Lebensende (1710) verharrte. Aus seiner Vaterstadt vertrieben und alles väterlichen Vermögens beraubt, zog er nach dem glaubensfreieren Holland und lebte die letzten Jahrzehnte in Amsterdam, wo manche Nachfolger seines mystischen Verleugnungs- und Liebelebens sich um ihn scharten. Die meisten freilich fielen in der Stunde der Anfechtung ab; einige aber bestanden und wurden seine engstverbundenen Brüder, jungfräulichpriesterlicher Art durch eine neue Geburt, in einem siegreichen Streit wider alle Eigenheit und Weltliebe, wie es selten ersehen worden, über das alles im tiefsten Demutsgrunde wurzelnd und wachsend bis zur göttlichen Reife. Die himmlische Weisheit in Jesu Christo (1Kor 1,30; vgl. Mt 11,19) erschien ihm in mütterlicher und bräutlicher Gestalt zu mehreren Malen und machte ihn zu ihrem geheiligten Verlobten; ihr blieb er beständig treu. Die Ehe verbot er keineswegs, so wenig als er sich über die heilige Schrift setzte; aber er riet Ledigen und Verheirateten, die Gott über alles lieben und Ihm dienen wollten, von der fleischlichen Beiwohnung ab, als welche für wahrhaft Wiedergeborene sich nicht mehr schicke. Dieses, und dann sein Gebetsleben ohne äußeren Broterwerb wurde ihm vielfach verdacht und er deshalb als Schwärmer und Enthusiast der schlimmsten Sorte verunglimpft (was leider zum Teil noch heute — in Unwissenheit — geschieht, nachdem doch kirchliche Männer wie J. A. Kanne und Max Göbel jenem Gerechtigkeit und Ehre erwiesen). Dieser Mann, welcher nie etwas für die Theosophie als Wissenschaft geschrieben, sondern außer einer kleinen Schrift von der Seele des Menschen und der wahren Wiedergeburt nur zahlreiche (in sieben Bänden nachher veröffentliche) Briefe „Theosophia practika" hinterlassen, dessen Geist aber, vom Geiste Gottes in Christo entzündet, in verwandten Seelen fort und fort im Segen nachwirkend ist; den Kirchberger, und nicht zum Spott, „unsern General Gichtel" nannte, weil er durch sein feuriges Gebet das Franzosenheer Ludwig XIV. von Amsterdam, das ihm Schutz gewährte, (1672) zurückgetrieben; der mit einem Wort das, was J. Böhme im Geiste geschaut und in Einfalt geübt hatte, mit vollem Bewusstsein praktisch nacherfuhr und in ein Leben der Gemeinschaft, der wahren johanneischen Bruderliebe übersetzte: er war es, dessen Geistesstrahl auch St. Martin zu hohem Dank erfuhr, und solches eben durch Vermittlung seines Berner Freundes. „Ich habe mit Entzücken die neuen Einzelheiten gelesen, die Sie mir über den General Gichtel mitteilen; alles trägt darin das Siegel der Wahrheit. Wenn wir beisammen wohnten, würde ich Ihnen eine Geschichte geistlicher Ehe mitzuteilen haben, in der der nämliche Weg für mich (von mir?) eingeschlagen wurde. Ich glaube die Gemahlin Gichtels wohl zu kennen. Folgendes begegnete mir in Betreff der zeitlichen Heirat, von der ich Ihnen etwas mitteilte (sein einstiger Plan der Verehelichung war gemeint). Ich betete fortgesetzt um Licht in dieser Sache; und es wurde mir im Geiste, doch mit großer Klarheit, die Antwort: „Seitdem das Wort Fleisch ward, darf kein Fleisch über sich verfügen ohne die Erlaubnis des Wortes." Diese Worte durchdrangen mich tief, und obgleich sie kein bestimmtes Verbot waren, verweigerte ich jetzt fernere Unterhandlung."

Hieran möge sich eine Äußerung des katholischen St. Martin über die allerseligste Jungfrau Maria schließen. Der Freund hatte die Mutter des Heilands mit der himmlischen „Sophia" oder ewigen Weisheit zu nahe verbunden, als ob letztere sich für immer leiblich mit jener geeint und ihr dadurch jene Mittlermacht über Erde und Himmel verliehen habe, womit die katholische Kirche Maria so gern bekleidet. St. Martin antwortete am 21. Juni 1793: Niemand könnte Sie tadeln, die h. Jungfrau als ein sehr hilfreiches Wesen zu betrachten; aber nie wird sie Mittlerin sein für die, welche ihre Blicke höher hinaufgerichtet halten. Sie ist rein, ist heilig, sie hat ihre Anteil an Sophia, wie alle Heiligen und Auserwählten. Wir müssen uns beglückt finden, wenn Gott gestattet, dass sie uns Gesellschaft leiste und sich mit uns vor Ihm betend niederwerfe; aber niemals soll man sie für irgendjemand unumgänglich halten. Ihr Werk ist erfüllt, weil sie dem Erlöser die Geburt gegeben und uns so die ewige Lebensquelle eröffnet hat. Sie hat dadurch un-endlich viel mehr getan, als sie seitdem tun kann. Übrigens hat sie nicht dem ewigen Worte die Geburt gegeben, sondern dem Christ. So kann sie auch niemals dem ewigen Worte **in uns** die Geburt geben. ... Man muss jedem das Maß des Glaubens lassen, dass er zu tragen imstande ist. Ihnen aber glaube ich sagen zu können, dass Sie einen größeren Auserwählten kennen, das ist ihr **Sohn**."

Diesem stimmte denn auch der evangelische Freund zu, bemerkte aber ergänzend: „Gleichwie in der niederen und zeitlichen Ordnung nichts ohne eine Grundlage, eine Jungfrau (Weiblichkeit) erzeugt wird, ganz ebenso wird in der erhabensten, der göttlichen Ordnung das Wort ewig gezeugt auf einer Grundlage, die obschon Wesenheit, doch ein unendliches Nichtsein (Spiegel!) ist: Die Jungfrau, die göttliche Wesenheit, Sophia. Diese göttliche Jungfrau hat sich wesenhaft mit der Menschheit Marias vereinigt, und auf diesem

Göttlichen Grunde ist das Wort in Maria gezeugt worden. Und es ist dieselbe Göttliche Jungfrau, die mit der Menschheit Mariens gemeint ist, welche in unsere Herzen eingehen und zur Grundlage dienen kann für die Erzeugung des ewigen Wortes." Man grüble indes nicht über dieses erhabenste und anbetungswürdigste Geheimnis gottmenschlicher und zugleich geistlich-leiblicher Art. Es ist alles für ewig beschlossen in dem Namen, die Person, das Werk **Jesu Christi**, des Trägers und Zentrums aller Gottheit wie aller Menschheit, nach Geist und himmlischer Leiblichkeit, nach Mann und Jungfrau, Feuer und Licht, Heiligkeit und Liebe, als in der ewigen Weisheit, Natur und Herrlichkeit Gottes.

Auch sind es nicht diese Glaubensgeheimnisse, die uns an dieser Stelle weiter zu beschäftigen haben. Nur bezeugen uns diese und andere Stellen des hierüber fortgesetzten Briefverkehrs, dass der französische Theosoph beständig bemüht war, die noch an physischen Begriffen haftenden Neigungen des Schweizer Freundes ethisch und geistig zu läutern, und ohne die Tatsächlichkeit höherer, geistlicher Leiblichkeit („Erde", Element, Grundlage usf.) zu leugnen, dieselben vielmehr auf ihre Wahrheit zurückzuführen und so vor phantastischer Spielerei zu bewahren, in welche die damaligen und späteren Anhänger Swedenborgs, der fromme Lavater nicht ausgenommen, mehr oder weniger verfielen. Auch scheint bei Kirchberger die Arbeit des Freundes nicht vergebens gewesen.

Außer der deutschen Theosophie bekamen auch die Engländer **Pordage**, **Jane Leade** und der nach Deutschland ausgewanderte Mystiker **Marsay** briefliche Verhandlung, besonders aber der hochbegabte reformierte Pfarrer in Lausanne, **Dütoit-Mambrini**, welcher unter dem Namen Keleph Ben Nathan ein tiefsinniges und lebendig geschriebenes Werk in drei Bänden kurz zuvor herausgegeben hatte, worin er die falsche Tagesphilosophie mittels der christlichen Theosophie siegreich bekämpfte. Er war es auch, welcher St. Martins Schriften in der französischen Schweiz überall bekannt zu machen suchte und welcher später von dem edlen Alexander **Binet** so hoch verehrt wurde.

Immer aber blieb J. Böhme der Hauptgegenstand der Teilnahme. Dessen Werk ins Französische zu übersetzen, war nun St. Martins größtes Verlangen. Er erbat sich dazu die Hilfe des deutschkundigen Freundes, worauf dieser antwortete: „Was den brüderlichen Vorschlag des Übersetzungsplanes betrifft, so nehme ich ihn an von ganzem Herzen, so viel ich dazu beitragen kann, weil ich auf die Hilfe der Vorsehung und auf die Ihrige zähle. Doch wird, was ich dabei tun kann, nicht viel sein, weil es Zeiten gibt, wo ich ganz von den Geschäften in Anspruch genommen bin und ich viel mehr darin zu tun habe, als meine schwachen Kräfte vermögen. Und wenn ich nicht der gütigen Vorsehung vertraute, würde ich den Mut verlieren. Einer meiner Grundsätze ist, unseren Beruf zu erfüllen, selbst wenn die Pflichten, die er auferlegt, kleinlich erscheinen. Allein dessen ungeachtet gibt es Zeiten im Jahre, wo die öffentlichen Geschäfte keine so große Arbeit erfordern, und alsdann zählen Sie auf mich. Ich werde für Pflicht halten, meine Zeit dazu anzuwenden, Ihnen nach besten Kräften in Ihrem lobenswerten Plane zu helfen. Ich umarme Sie von Herzen und bitte inständig, in Ihren Gebeten meiner nicht zu vergessen." (Datum nicht angegeben.)

Dabei lud der Schreiber wiederholt seinen je länger desto werteren Freund herzlichst ein, ihn in Bern zu besuchen, damit man sich von Angesicht kennenlerne und gründlicher aussprechen könne. St. Martin selbst verlangte danach; aber andererseits war manches, was ihm die Reise außerhalb Frankreichs misslich erscheinen ließ, dazu fehlte es ihm an Reisemitteln. Hatte er doch infolge der Entwertung der Staatspapiere durch die Revolution, in denen er sein kleines Vermögen angelegt hatte, so große Verluste erlitten, dass er öfters nahe daran war, wirklichen Mangel zu leiden, was ihm indes bei seinem festen Vertrauen auf die gnädige Hilfe der Vorsehung und bei seiner Gleichgültigkeit gegen äußere Dinge, Genüsse und Leiden wenig Sorge machte. Er sagte wohl und schrieb es in sein Tagebuch: „Sehr wahrscheinlich war meine Bestimmung, dass ich mir Renten in Seelen anlegen sollte; und wenn Gott mir gewährt, diese Bestimmung zu erfüllen, werde ich mich über meine Vermögensverluste nicht beklagen, denn jener Reichtum wiegt jeden anderen auf." [480]

Kirchberger ahnte etwas von des Freundes Not, obwohl dieser zu niemanden davon verlauten ließ. Er sandte ihm einmal zehn Louisd'or mit der Bemerkung: „Da das Gold in Frankreich so selten sei, habe er einen Versuch gemacht, ihm zehn Louis in einem besonderen Briefe zugehen zu lassen." St. Martin antwortete, nachdem er zuerst die Gabe hatte zurückschicken wollen: „Mehr gewohnt zu geben als zu empfangen, sende ich das Geschenk doch nicht zurück, um mir selber nicht einen Stolz anzuheften, den ich aus Anlass eines ähnlichen Geschenkes an J.J. Rousseau getadelt habe; besonders aber, um den Freund nicht des süßen Genusses einer guten Tat zu berauben." Darauf schickte er sein Bildnis an Kirchberger, und dieser vergalt es mit dem seinigen.

Als später letzterer seine Einladung, nach Bern zu kommen, nochmals und dringender erneuerte, und „seinen teuren Bruder" bat, ihn „als seinen Verwalter anzusehen", antwortete jener, ihm fehle noch die innere Klarheit oder leitende Weisheit zur Reise. Dass ihm auch die Mittel fehlten, verschwieg er. Worauf der Berner Freund dann resigniert erwiderte: „Ich unterwerfe mich, teurer Bruder, dem durchschlagenden Mittel, dass Sie in Ihrem letzten Briefe angeben, das der klaren inneren Leitung. Sein Wille geschehe! Wenn nicht in dieser Welt, so hoffe ich Sie in einer anderen wiederzusehen, um Ihnen für die ausgezeichnete Beratung zu danken, die Sie mir im Laufe unseres Briefwechsels zuteilwerden ließen." Bald darauf ward ihm denn auch gewiss, dass er auf den so lange versprochenen Besuch nicht mehr rechen dürfe. Denn der Freund, welcher die zehn Goldstücke nie berührt, sondern fest verwahrt hatte, selbst da, wo sie ihm am nötigsten gewesen wären, bat ihn, ihm in Paris jemand anzugeben, durch den er sie am sichersten ihm rückerstatten könne. Als Kirchberger solches nicht tun wollte, wie es scheint, sandte St. Martin das Geld mit der Post und wollte noch das Porto für die Hersendung dazu vergüten, worauf aber die Antwort ihm wurde, es habe, dank dem höflichen Entgegenkommen der Postverwaltung, kein Porto gekostet. K. fügte hinzu, dass so lange ihnen ein Stück Brot für zwei bleiben würde, sie es zusammen teilen würden. Als aber bald darauf der reiche Baron durch den Einfall der Franzosen in die Schweiz selbst im höchsten Grade an seinem zeitlichen Gute geschädigt wurde, bot ihm der Freund zwar nicht seinerseits Geld an, da er selbst auf schmale Kost gesetzt sei, dagegen „zwei oder drei Stücke Silberzeug, welche ihm geblieben". Außerdem verwendete er sich bei dem französischen

Gesandten in Bern mit großem Nachdruck dafür, dass Kirchbergers Besitz möglichst geschont würde. So trugen äußere Nöte nur noch bei, das innere Band zugleich zarter und fester zu gestalten. Auch trugen beide alle jene Nöte nicht nur mit dem Gleichmut stoischer Philosophen, sondern mit der innigen Ergebenheit des Christen. Dabei blieb das Hauptgeschäft beider immer wieder das Erkennen der Geheimnisse christlicher Theosophie und die Übersetzung des erleuchtetsten ihrer Schüler.

Und dennoch, wer sollte es glauben! warf auch in diese höhere Freundschaft der Feind sein Unkraut und hätte sie vielleicht gar zerrissen, wenn nicht der Gefestigtere der beiden — St. Martin war es — alles getan und wiedergetan hätte, um dem Bruch vorzubeugen und den Freund zu versöhnen, der doch im Grunde seines Herzens seinen Lehrer, Bruder und geistlichen Vater auch bis an sein Ende liebte. Und was diente dem Feinde zum Mittel für sein schlimmes Spiel? — Kirchberger, der nie etwas Eigenes veröffentlicht hatte, trug sich mit dem Plane, Böhmes Briefe mit einem Abriss seiner Lehre französisch herauszugeben und teilte dies dem Freunde mit. Dieser erwiderte: „Was Ihre Unternehmung betrifft, so lobe ich Ihre gute Absicht sehr; aber je mehr ich unseren Verfasser lese, desto schwerer finde ich, ihn abzukürzen" (auszuziehen). Schon diese Äußerung missfiel dem anderen. Noch mehr kränkten ihn die so ganz ohne Harm, rein sachlich und freundschaftlich geschriebenen weiteren Worte: „Übrigens erwäge ich ein wenig den Geist meines Volkes. Es fehlt viel daran, dass ich es für solche Speise reif halte. Böhme würde nicht gelesen werden ohne eine völlige Umschmelzung, und diese zu vollbringen habe ich weder Zeit noch Kraft. Um aber auf Ihren Abriss zurückzukommen, so muss ich Ihnen sagen, dass der gläubig fromme Ton, den Sie anschlagen, bei den Sitten Ihres Landes noch hingehen kann; bei denen des unsrigen gilt er wenig, wir räumen damit auf. Demungeachtet gibt es noch einige gute Seelen, welche ihn verstehen und sich ihm anpassen, und ich meinerseits werde hocherfreut sein, Ihr Werk zu lesen." In einem wenig späteren Schreiben (4. Nov. 1798) teilt St. Martin noch mit, dass er von Frau von Böcklin gehört, es gebe schon einen deutschen Auszug aus Böhmes Werken, überdies habe es einen zweiten Böhme, klarer als den ersten, den Mystiker

Sperber. Dies zusammen fasste die noch nicht ganz ertötete Eigenliebe des Schweizers so auf, als verachte St. Martin seine Arbeit oder gönne ihm deren Veröffentlichung nicht, da er selbst doch ganze Werke Böhmes mit ihm zusammen ins Französische übersetzt hatte. Er übersah dann einmal, dass der Freund keinen eigenen Auszug oder Lehrbegriff zu machen wagte, zum anderen, dass er für sein Übersetzungswerk nicht den Beifall der Gegenwart, sondern einen Gebrauch und Segen von der Zukunft erwarte, die er Gott anheimstellte. Er erhielt nun Kirchbergers gereizte Antwort: „Man findet, ich habe einen frommgläubigen Ton angeschlagen. Ich werde nie einen anderen Ton haben als der in meiner Seele lebt. Ich würde über meine Niedrigkeit und Feigheit erröten, wenn ich fähig wäre, in einem entgegengesetzten Sinne zu schreiben." Und als ob St. Martin ihm solches geraten hätte, fügte er hinzu: „Erlauben Sie mir, dass ich Ihnen den Rat gebe, den Sie einst mir gegeben: Wachet und betet!"

In dieser Weise gelang es dem Feinde, durch falsche Spiegel die Gesinnung des anderen verkehrt darzustellen, Argwohn ins Herz des Freundes zu säen, wogegen dieser nicht gewaffnet war. Umso mehr war es St. Martin. In der mildesten Weise suchte er den Stachel herauszuziehen, den er doch nicht hatte einsenken wollen. Es wollte lange Zeit nicht gelingen. Kirchberger antwortete bitter, er werde seinen Abriss nie veröffentlichen, weder französisch noch deutsch, und dankte zuletzt — ironisch — seinem Freunde, dass er ihn an einer Herausgabe verhindert habe, bei der man sein Öl an die törichten Jungfrauen fortgeschüttet hätte! — Allein die Sanftmut des wahreren Theosophen blieb auch dadurch unerschüttert. Er legte noch einmal den wirklichen, wohlgemeinten Sinn seiner ersten Worte zurecht und entschuldigte noch des Freundes Erregtheit mit der Herzensteilnahme desselben für alles, was der Ehre ihres gemeinsamen Meisters dienen könnte. Das schrieb er Ende 1799, und Kirchberger antwortete auch darauf nur halb einlenkend. Der weitere Briefverkehr der beiden scheint verloren gegangen zu sein.

Weshalb wir so ausführlich auf diese so seltene geistliche Freundschaft und besonders auch auf deren Störung eingingen? Um unseren Lesern an einem hervorragenden Beispiele beides vor die Seele zu stellen: die Macht erziehender Gottesliebe in der Bildung eines solchen Verhältnisses, und auch die Gegenmacht des alten Drachen, der lange als Schlange im Grase wie tot liegen kann und doch hervorbricht, um alles Gute und Göttliche zuschanden zu machen, wenn der schwache Mensch nicht genugsam wacht und betet.

Am 24. Dezember desselben Jahres starb Kirchberger plötzlich, wir hoffen versöhnt und von Herzen demütig geworden. Die Antwort St. Martins auf die Todesanzeige seitens des Neffen und Schwiegersohns zeigt, dass die innigsten Beziehungen wieder hergestellt waren, auch dass der Verstorbene seine Arbeiten über Böhme bis an sein Lebensende fortgesetzt hatte. St. Martin ersuchte sogar den Neffen, die Übersetzung der Briefe des deutschen Theosophen zu vollenden, nebst denen der Schüler desselben, J.G. Gichtel und J. W. Überfeld. Doch unterblieb dies.

St. Martin hatte durch den Tod des innigsten, vielleicht einzigen männlichen Freundes, der ihn fast ganz verstand, mehr verloren, als er sich gestehen mochte. Niemand war ihm ein so aufmerksamer Schüler und zugleich eine so feinsinniger und zartfühlender Freund gewesen; niemand hatte ihn selbst in der mystischen und theosophischen Erkenntnis so sehr gefördert als jener forschende Geist mittels seiner Mitteilungen wie seiner Fragen. Die Briefe der Herzogin von Bourbon und besonders der Frau von Böcklin mochten durch andere Eigenschaften seinem Herzen teuer gewesen sein; dem Geiste des Theosophen gaben sie nicht dieselbe Nahrung. Außerdem war dieser durch den Schweizer Baron nicht nur mit dem Münchener Theosophen von Eckartshausen, mit Lavater und dessen hochbegabter, mystisch gerichteter Tochter sowie mit den Schriften Jung Stillings mittelbar bekannt geworden, den er sehr schätzte und liebte, dem er seine Schriften zusenden ließ und dessen persönliche Bekanntschaft er zu machen wünschte; auch er selbst war durch Kirchberger mehr, als sonst der Fall gewesen wäre, in Deutschland bekannt geworden, da Kirchberger mit so manchen hervorragenden Männern mystisch-frommer und zugleich spekulativer Richtung verkehrte.

Indes suchte der innerlich Gereifte wenig mehr bekannt zu werden; hatte er's doch nie gesucht für seine Person, sondern einzig für das, was er „sein Werk, seine Aufgabe" nannte an den Menschen und für sie. Seitdem aber der Freund ihm gestorben, beschränkte er sich mehr als je auf seine schriftlichen Arbeiten: die Übersetzung Böhmes, von dem er vier Hauptwerke seiner Muttersprache einverleibte, dann seinen eigenen Schwanengesang, das Buch: „Der Dienst des Geistmenschen" (Le ministère de l'homme esprit), worin er das Ganze seines Fühlens und Denkens in zusammenhängender Ordnung noch einmal herausstellte. Das ebenbürtige Hauptwerk: „Vom Geiste der Dinge" (L'esprit des choses) war noch zu Lebzeiten des Berner Freundes herausgekommen; sein Verfasser nannte es „nur eine vorbereitende Einführung in die Werke J. Böhmes" und glaubte es „nützlich für die, welche gegen die h. Schrift Vorurteile haben". Denn eben dem Reiche Gottes, wie es in der h. Schrift und im eigenen Herzen sich ihm offenbart hat, dem Reich der Liebe und des Friedens mitten im Kampf und Leiden dieser Zeit, wollte er dienen, dem Reiche Jesu Christi, wie selten er diesen auch mit Namen nannte.

Nur wenige Jahre nach des Freundes Tod waren ihm noch beschieden. Er verlebte sie meistens in Paris, wo es ihm nicht ganz an befreundetem Umgang fehlte. „Bei seinem Trachten nach dem Himmel", sagt sein französischer Biograph, „konnte keine Unzufriedenheit, keine Täuschung in irdischen Dingen ihn berühren. Er beklagte sich über niemand, auch nicht über die Regierung seines Landes noch über den Gang der Geschichte Europas, wenn er auch alles das in seinem mittragenden, fürbittenden Herzen bewegte. Gegen Arme war er äußerst mildtätig, und auf die feinste Weise teilte er seine Wohltaten aus.

Für Dichtung und Musik so begabt als eingenommen, hatte er in früheren Jahren gerne das Theater besucht. In den letzten fünfzehn Jahren tat er es nicht mehr. Als einer seiner Freunde, der berühmte Kritiker Degerando, ihn fragte, warum er sich gar nicht mehr im Theater sehen lasse, erwiderte er: „Nichts ist leichter zu sagen. Ich bin mehrmals in der Absicht ausgegangen, auch das Schauspiel zu besuchen. Unterwegs, im Vorgenuss desselben, beschleunigte ich wohl gar meine Schritte. Doch bald musste ich über die Natur dieser Empfindung nachdenken, die mich so gefangen nehmen konnte. Was war es? Nur die Erwartung jener Wallung, jenes Rausches, der mich ehedem jedesmal erfasst hatte, wenn die erhabensten Regungen der Tugend, ausgedrückt in der Sprache des Corneille oder Racine, allgemeine Beifallsstürme hervorriefen. Da kam mir plötzlich ein Gedanke: du willst Geld ausgeben für das Vergnügen, ein bloßes Gemälde, vielmehr nur einen Schattenriss der Tugend zu bewundern? Mit derselben kleinen Geldsumme kann ich die Wirklichkeit dieses Gemäldes erlangen. Diesem Gedanken konnte ich nicht widerstehen: ich ging zu armen Leuten und gab ihnen den Wert meiner Theaterkarte. So habe ich alles, was ich mir vom Schauspiel versprochen und wohl mehr noch genossen und bin ohne Bedauern wieder nach Hause gegangen." Das galt noch dem edlen Schau- und Trauerspiel. Mit welchem Abscheu würde er erst das heutige Modetheater seines — und leider auch unseres — Landes betrachtet haben! Und wer könnte noch überhaupt das Theater lieben in irgendeiner Form, der seine Freude an Gott in seinem Sohne Jesu Christo, an seinem Wort des Lebens und der Wahrheit und an dessen tiefster Deutung durch die Theosophie eines Böhme gefunden hat — und daneben in und um sich her die Sünde und deren Folgen, das Leiden seiner Mitgeschöpfe schaut und empfindet! Dieser Schmerz ist doch etwas anderes und himmelweit verschieden von jenem dichterischen oder philosophischen — pessimistischen — sogenannten Weltschmerz derer, welche der Verlust oder die Nichtbefriedigung irdischer, selbstischer, vielleicht sinnlicher Genüsse und Hoffnungen peinigte. Nicht der Schmerz der Welt, sondern der Schmerz über sie, aufgrund des Leidens mit ihr und für sie: das war es, was diesen Edlen drückte und zugleich doch zu Dem trieb, der allein alle anderen Schmerzen stillt, um jenem Liebesschmerze desto größeren Raum, Kraft und Erfolg zu geben für seine teuer erkaufte, aber Ihn vergessende Menschheit.

Indem wir St. Martins Ansichten und Urteile über hervorragende Zeitgenossen, besonders auch über Dichter seines Volkes später wörtlich aufführen, beschränken wir uns hier, ehe wir von seinem Leben Abschied nehmen, auf wenige einzelne Beziehungen.

Voltaire und **Rousseau**, diese beiden einander so entgegengesetzten, nur im Nichtverständnis des Christentums und im Hass gegen die Kirche verwandte Geister, die einflussreichsten ihres

Jahrhunderts in Frankreich, hat St. Martin nie gesehen. Der Erstgenannte hätte sein Gemüt auch wohl ebenso abgestoßen, wie die erste Schrift des Theosophen den frivolen Weltmann wenige Zeit vor seinem Sterben noch abstieß. Mit Rousseaus Seelennatur dagegen hatte die seinige die größten Ähnlichkeiten; nur der Geist, dem jeder von beiden sich hingab und der jeden beseelte, war gründlich verschieden. Dies hielt den Edleren nicht ab, jenen für einen großen Schriftsteller, ein Genie, ja in seiner Art für einen „Propheten der sichtbaren Ordnung" zu halten, der die menschliche Natur wie wenige aus Erfahrung kannte und schilderte, nur nicht ihren Ursprung, nicht ihre Entartung durch die Sünde und nicht das Heilmittel zu ihrer Wiederherstellung. Schon in seiner Jugend und als Offizier hatte St. Martin den „Gesellschaftsvertrag", den „Emil" und die „Bekenntnisse" Rousseaus gelesen und bewundert, ohne sich durch die Form und das tiefe Gefühl blenden zu lassen über die große Lücke der wahren Erkenntnis in jenen Werken. Allein er fand darin an vielen Orten sich selber abgespiegelt in den Kämpfen, Leiden, auch wohl Niederlagen seines inneren Menschen, in dem Wechsel von Wonne und Verzagtheit, von zu großer Nachsicht und verkehrter Strenge gegen sich selbst. Er erkannt in ihm das Bild eines von Natur edlen Menschen, der aber ohne Christum bleibt, welcher allein unserer Natur den wahren Adel verleihen, den verlorenen ihr wiedergeben kann. Dass er dieses nicht kann ohne Demut und Buße von unserer Seite und glaubensvolle Hingebung an unseren Retter, Reiniger und Wiedergebärer: das erkannte Rousseau nicht, wohl aber St. Martin; und schon diese Erkenntnis, im Leben bestätigt, stellt ihn weit über jenen, wenn auch nicht in den Augen der Welt und ihrer Wortführer.

Wie Rousseau am Anfange, so begeisterte **Chateaubriand** den Einsamen noch am Ende seines Lebens und dessen bald vielgenanntes Buch: „Geist des Christentums" (Génie du Christianisme), obgleich ihn die herrschende Idee desselben betrübte, nämlich die Betrachtung der Religion als Sache der Poesie und Beredsamkeit, als Muse der Literatur und der Künste, die Hervorhebung ihres ästhetischen mehr als ihres ethisch-moralischen und recht eigentlich göttlichen Charakters. Denn nicht Schönheit und Weltherrlichkeit, nicht Gefühls- und Gedanken- oder Phantasiewerk ist das wahre Christentum und war es in St. Martins Augen, sondern heilige Entsagung und heilige Liebe. Er sprach diese Verkennung des wahren Wesens der Religion in jenem Buche auch offen aus, suchte aber in der Hoffnung, sich mit dem Geiste des Verfassers verständigen zu können, eine persönliche Zusammenkunft mit demselben. Sie kam bei einem Dritten zustande (Januar 1803), aber so sehr der Theosoph bemüht war, den anderen für eine höhere Anschauung zu gewinnen — sechs Stunden, d.h. bis Mitternacht dauerte die Unterredung: der feine, aber mehr nur „angechristelte" als wahrhaft christliche Dichter und etwas eitle Aristokrat spottete hintennach nur der „Orakel- und Erzengelsprache des Philosophen des Himmels", während er selbst nichts darauf zu antworten wusste. Freilich bereute er vier Jahre später diesen Spott, als er las, wie hoch jener von ihm nach der Unterredung geurteilt, nämlich, er sei der einzige ehrenwerte Schriftsteller, den er je persönlich kennengelernt habe, worauf denn der so Bezeichnete 1807 schrieb, nachdem er seine Reue über sein früheres Spotturteil ausgesprochen: „Herr von St. Martin war, alles zusammengenommen, ein Mann von großem Verdienste, von edlem, unabhängigen Charakter. Wenn seine Ideen verständlich waren, zeigten sie Erhabenheit und eine höhere Natur. Sein Andenken wird immer Hochachtung erwecken."

St. Martin hat sich öfters stark gegen die herrschende Priesterkirche ausgesprochen, nie gegen die wahrhaft christliche und katholische, soweit sie dem Evangelium gemäß lehrt und lebt. Von vier Vollmachten, welche der gottmenschliche Herr ihr gegeben, habe die Kirche nur zwei bewahrt: die Verwaltung des h. Abendmahls und die Vergebung der Sünden, dagegen die Erkenntnis der Geheimnisse des Gottesreiches und die Gabe der Krankenheilung verloren. Besonders aber seien es Priester der Kirche gewesen, welche durch Trägheit, Unsittlichkeit und Herrschsucht der falschen Philosophie den Weg geebnet hätten. Aber nie bekämpfte er die Kirche oder das geistliche Amt als solches, wie sehr er auch gegen einzelne Missbräuche sprach, und wie hoch er die Kirche des Herzens und des inneren Wortes Gottes über die Kirche der Formen und Lehrformeln stellte. Insofern ging ihm allerdings die „unsichtbare", die Geisteskirche über ihre historische und sichtbare, mit allerlei bösen Menschlichkeiten angesteckte Weltkirche und ihre Vertreter gleichen Sinnes.

Andererseits erkannte er gern in jedem Menschen, der aufrechten Sinnes, wenn auch nur in den Schranken der Natur war, eine Spur des ursprünglichen Gottesbildes und liebte ihn insoweit, obschon er wohl unterschied, wer und was bloße Natur und was geheiligt an den Menschen war. Er war kein Splitterrichter, überhaupt kein scharfer Richter anderer Personen; nur den Prinzipien, den verkehrten Geistern gegenüber hielt er fest an der erkannten Wahrheit, mit Schmerz allemal über deren Verkennung und Verwerfung. Diese Wahrheit aber war ihm keineswegs, wie manchmal scheinen könnte, eine solche des verständigen Denkens und der Theorie, sondern vor allem die des Willens und Lebens, eine innerer und erst danach auch ins Äußere tretende Praxis, eine Herz und Leben erneuernde Kraft, die er vor allem in sich selber wirksam sein ließ. Die Unwissenheit in den höchsten Wahrheiten sei eigene Schuld oder Mitschuld, denn sie entspringe aus einer Verkehrtheit des Willens und seines begehrlichen Trachtens nach dem Vergnüglichen und Bösen. So galt ihm nicht die Wissenschaft, sondern die Wahrheit für das allein erstrebenswerte Gut. Diejenige Wahrheit, welche Gott selber im letzten Grunde ist, dessen Namen er wohl auch unter dem der Wahrheit, oder auch des Lebens, der Vorsehung, der höchsten Ursache usf. verschleierte. Das Ganze seiner Weltanschauung werden wir indes erst später einsehen können.

So kam das Jahr 1803, sein Todesjahr, ihm nicht zu frühe. Hatte er doch vorlängst geschrieben und immer neu bewegt das Wort: „Die Hoffnung des Todes ist der Trost meines Lebens. Auch wünschte ich, man möge nie sagen: das andere Leben, denn es gibt nur eines." [212] Nach ihm hatte er längst jenes Heimweh, von dem Jung Stilling so viel schrieb, jener Deutsche, den dieser Franzose immer noch gern persönlich kennenlernen wollte. Vielleicht hat er seinen Wunsch in der anderen Welt — im wahren Leben — erfüllt gesehen. Schon bei Antritt seines sechsundfünfzigsten Jahres schrieb er: „Ich habe in diesem fünfundfünfzigsten Abschnitt meines Lebens eine tiefen und großen Eindruck empfunden von diesem neuen Schritt in meiner Laufbahn. Mir schien, als trete ich in eine neue und erhabene Region ein, die mich beinahe gänzlich trennt von allem, was auf Erden so viele meinesgleichen beschäftigt, vergnügt und betrügt." Fünf Jahre später aber lesen wir noch deutlicher seinen inneren Zustand in den Worten: „Der 18. Januar, der mein sechzigsten Lebensjahr vollendet, hat mir eine neue Welt eröffnet. Meine geistlichen Hoffnungen und Aussichten gewinnen immer mehr an Wachstum wie an Weite. Ich eile, Gott sei Lob! jenem großen und erhabenen Vollgenuss entgegen, der mir schon längst angekündigt ist und der das Maß meiner Freuden erfüllen soll, von denen mein Dasein hienieden beständig begleitet war. Ein unaussprechliches Glück für mich war zu fühlen, dass ob ich gleich weder Feinde noch Missgeschicke auf Erden habe, ich zu Gott sagen konnte: Nimm mich fort von dieser Welt, wann du willst, und das nicht erst morgen, sondern sogleich!" [222, 507]

Der letzte Sommer sollte ihm, dem Heimwehkranken, ein lieblicher sein vor anderen. „Im Sommer 1803 mache ich (von Paris, seinem gewöhnlichen Wohnorte aus) eine Reise nach Amboise, wo ich mich freute, einige gute Freunde zu finden. Ich habe solche auch in Orleans gefunden, aber ich weiß noch keinen, der auf jener Stufe stände, wo ich ihn wohl wünsche, und wonach ich selbst so großes Verlangen trage. Vor meiner Abreise hatte ich einen kleinen Wink von einem leiblichen Feinde, der aller Wahrscheinlichkeit nach derselbe ist, welcher mich fortnehmen wird, wie er meinen Vater fortgenommen hat. Aber ich bin darüber gar nicht betrübt, noch beklage ich mich im geringsten. Mein leibliches wie mein geistliches Leben ist von der Vorsehung zu wohl behütet worden, als dass ich etwas anderes zu tun hätte als ihr Dank zu sagen. Ich flehe nur, dass sie mir beistehe, mich bereit zu halten." [440]

Aus derselben Zeit, wo nicht aus früherer schon, mag das Wort seines Tagebuches stammen: „Ich komme zu einem Lebensalter, wo ich nur noch mit denen mich wohl zusammenschicke, die meine Krankheit haben. Diese Krankheit ist der Spleen. Aber dieser Spleen ist etwas verschieden von dem der Engländer. Letzterer macht düster und trübsinnig, der meinige kleidet mir äußerlich und innerlich alles rosenfarben." [462]

Weder ermattet noch niedergedrückt fühlte er sich also vom Leben der Erde; die Haltung des tapferen Kriegers wie sein Mut blieb unverändert. Nach Paris zurückgekehrt, legte er noch die letzte Hand an manches, was er zu schreiben begonnen. Die angefangene Übersetzung des Buches „Von der Menschwerdung" von J. Böhme brachte er nicht zu Ende. Auch das über die Bedeutung der Zahlen, was ihn sein Leben lang beschäftigt, konnte er nicht vollenden, weil ihm die völlige Klarheit darüber hier abging. Der Mathematiker de Rossel, von dem er einige Aufklärung nach der formalen Seite erhoffte, besuchte ihn noch am Tage vor seinem Ende und unterhielt sich längere Zeit mit ihm darüber. Bei dessen Weggange sagte er hocherfreut zu ihm: „Ich fühle, dass ich nun scheiden muss, und bin dazu bereit. Aber die Keime, die ich aussäen durfte, werden Frucht bringen. Und ich danke Gott, der mir diese letzte Gunst erwiesen, um die ich ihn bat." Welche Gunst er im Grunde meinte, bleibe ungesagt.

Am Tage darauf fuhr er aus der Stadt auf das nahe Landgut seines Freundes, des Senators Laroche, nach Aunay, wo er öfters gern geweilt hatte. Als er nach Einnahme einer kleinen Mahlzeit auf sein Zimmer ging, traf ihn ein Schlagfluss, der ihn fast der Sprache beraubte. Doch er konnte nach einer Weile den ihn umstehenden Freunden sich noch verständlich machen. Er bat sie dringend, in der brüderlichen Einheit und im Vertrauen auf Gott festzustehen, nach dem Gebot des Evangeliums. Alsdann betete er still einige Augenblicke und verschied ruhig und kampflos, am 13. Oktober 1803.

Mit einem deutschen älteren Lebensbeschreiber sagen wir: „Er war ein reiner und edler Mensch. Seine Tugenden entsprachen seinem Geiste. Bescheiden und still verhehlte sein Äußeres die Schätze, die sein Inneres hegte. Mild und freundlich in seinem Benehmen, heiter und lebhaft im Gespräch, konnte er unter Freunden hinreißend liebenswürdig sein. Er gehört zu den auserwählten Geistern, die von Zeit zu Zeit gleich Wesen einer höheren Ordnung unter den Menschen wandeln, damit deren ursprüngliche Würde und Schönheit in Abbildern sichtbar bleibe. Seine zahlreichen Schriften tragen das Zeichen eines eigentümlichen Geistes von außerordentlicher Kraft und Tiefe; aber seine Wissenschaft ist in Geheimnisse eingehüllt, die einen großen Teil dieser Schriften verdunkeln. Dem Unbefangenen wird jedoch immer genug Vortreffliches darin verständlich sein, um für das Unverständliche kein übereiltes Verdammungsurteil zu gestatten."

Auf eine nähere Charakteristik an dieser Stelle verzichtend, lassen wir im Folgenden zuerst ihn selbst sie uns geben, indem die hervorragendsten seiner Selbst- und Weltbekenntnisse, die er zu verschiedenen Zeiten seines Lebens aufgeschrieben und die erst nach seinem Tod gedruckt wurden, in geeigneter Reihe hier folgen lassen.

Selbstbekenntnisse

Alle Umstände meines Lebens waren gleichsam Sprossen einer Leiter, die Gott um mich her aufrichtete, um mich zu sich zu erheben. Denn er wollte nicht, dass ich von einer anderen als von seiner Hand Trost, Freude, Licht und wahres Glück empfinge, und seine einzige Absicht ging dahin, dass ich mit ihm allein lebe und bei ihm bleibe. Diese Wahrheit war seit meiner frühesten Kindheit in mein Schicksalsbuch geschrieben und hat sich durch alle Zeit meines Lebens immer mehr entfaltet. — [467]

Im achtzehnten Jahr meines Alters geschah es, dass ich mitten in den philosophischen Äußerungen der Bücher mir sagen musste: Es ist ein Gott, ich habe eine Seele — mehr bedarf es nicht, um weise zu sein. Auf dieser Grundlage wurde hernach mein ganzes Gebäude aufgeführt. — [497]

Ich bin heiteren Sinnes gewesen, aber die Heiterkeit war nur eine Nebenfarbe meines Charakters. Meine eigentliche Farbe war der Schmerz und die Trauer ob der Größe des Übels (Baruch 2, 18) und aus tiefer Sehnsucht nach des Menschen Wiedergeburt. Auch war ich nur vorübergehend fröhlich. Und weil ich meine Mitmenschen nicht wie vollkommene Wesen behandeln konnte, fühlte ich mich getrieben, sie wie Kinder zu behandeln. Daher kommt's, dass ich mich langweile, wenn die Scherzreden zu lange andauern, oder ich werde gar ungeduldig und hart, was ich hintennach bereue und meiner Gesinnungsweise auch ganz entgegen ist. — [458]

Einer meiner schwersten Fehler, den ich überdies sehr spät beachtet habe, ist der, dass ich mich in meinem Leben zu sehr der Lustigkeit und dem Witzspiel überlassen habe. Dieser leichtfertige Gebrauch der Geisteskräfte ist denen schädlich, die auf dem Wege der Weisheit wandeln wollen. Nicht nur gibt das ihrem Geiste eine gewisse Oberflächlichkeit, die ihn hindert, die wesentliche Wahrheit zu ergreifen, von der er leben soll; sondern es führt sogar dahin, dass sein Herz allmählich ebenfalls in diesen Geist eingeht und zuletzt zerflattert. Wehe dem aber, der seinen geistlichen Bau nicht auf dem festen Grunde seines Herzens errichtet, das in beständiger Reinigung und Hinopferung durch das heilige Feuer begriffen ist!

Nur das so geläuterte Gold kann der große Bezaleel (2Mos 31,1-11) brauchen. — [434]

In materieller Beziehung war ich eher von sinnlicher als von seelischer Empfindung, und ich glaube, wenn alle Menschen aufrichtig wären, so würden sie dasselbe von sich sagen. Von den Frauen zwar glaube ich insgemein das Gegenteil: sie fühlen von Natur mehr seelisch als sinnlich. —

Es war die Natur meiner Seele, äußerst empfindsam zu sein, und vielleicht empfänglicher für die Freundschaft als für die Liebe. —

Kindliche Ehrfurcht war mir schon in der Kindheit ein heiliges Gefühl. Im späteren Alter, wo ich dasselbe tiefer erforschte, wurde es dadurch nur noch mehr bestärkt. Auch bekenne ich laut: was auch immer wir von Seiten unserer Eltern zu leiden haben mögen, bedenken wir, dass wir ohne sie nicht einmal die Fähigkeit hätten, solches zu tragen und zu dulden, so werden wir unser vermeintliches Recht, uns über sie zu beschweren, verschwinden sehen. Wenn wir aber wissen, dass ihr innerer Mensch im Rückstande und in Gefahr ist, so mögen wir nur inbrünstig beten, dass der höchste Meister ihnen das geistliche Leben gebe, für das zeitliche, das sie uns gaben. — [135]

Alle Menschen können mir von Nutzen sein, aber keiner kann mir ganz genügen. Ich muss Gott selbst haben. — [1]

Wenn ich nicht Gott gefunden hätte, so würde ich meine Seele an nichts auf dieser Erde festhalten können. — [2]

Ich schrieb einmal meinem Vater mit tiefstem Ernste, dass ich für den Frieden und das Glück geboren sei. Und in Wahrheit, nichts ist der wonnesamen Stille und Ruhe zu vergleichen, die meine Seele genießt, und die sie mehr noch dann genießen wird, wenn sie, wie ihr verheißen, weiter vorgeschritten sein wird. —

Die Gottheit hat mir so viel von Astralischem (Weltlichem und Irdischem) nur darum versagt, weil sie allein mein Beweger, mein Element und mein allumfassendes Ziel sein wollte. — [505]

Ich habe nichts mehr als die anderen Menschen. Ich habe gefühlt, dass wir alle, sie und ich, nur Söhne Gottes (von der Schöpfung her) seien; und ich hatte eine solche Überzeugung von dem Adel dieses Ursprungs, dass ich mein Bestes zu tun suchte, einige Stücklein von meinem Taufschein zu bewahren. —

Seit dem Anfange meines geistlichen Lebens habe ich mir gesagt: nach den materiellen Dingen laufen, heißt mit leeren Backen kauen. Wenn Gott uns nicht verziehe, wo würden wir sein? —

Meine Seele spricht manchmal zu Gott: Sei also mir nahe, dass durchaus nichts mir nahe sei als du! Dieses Wort ist der tatsächliche Ausdruck dessen, was zu aller Zeit das wahre Verlangen meiner Seele gewesen ist. —

Ich habe wohl gesagt, dass **Gott meine Leidenschaft** sei. Ich hätte richtiger sagen können, dass **ich die seinige** sei, in Betracht der unablässigen Sorgfalt, die er so überschwänglich an mich wendete, und seiner beständigen Gütigkeiten gegen mich, ungeachtet aller meiner Undankbarkeit. Denn wenn er mich nach Verdienst hätte behandeln wollen, er würde mich nicht einmal eines Anblickes gewürdigt haben. — [431]

Gott ist eifersüchtig auf den Menschen. Ich habe erfahren, dass er es auf mich wie auf alle meine Mitmenschen war, und dass er, um einen völligen Bund mit mir zu schließen, wartete, bis ich mit allen Nebenbuhlern gebrochen hätte, die mir Seele, Geist und Herz noch gefesselt hielten. — [10]

Wenn ich irgendetwas, das nicht Gott ist, mehr liebte als Gott, so überfiel mich bald Leiden und ich ward unglücklich. Kehrte ich aber um und liebte Gott mehr als alle Dinge, so fühlte ich mich wieder neugeboren, und die Glückseligkeit kehrte bald wieder bei mir ein. — [11]

Wann fühlte ich, dass ich nichts fürchtete, weder im Himmel, noch auf Erden, noch in der Hölle! Dann nur, wenn ich die Sünde fürchtete. — [62]

Mein Gott, lass mich nicht das Gute tun, das ich will, sondern das Gute, da sich nicht will! —

Alles was ich wünschte und erstrebte, war, mich vor schädlichen Herzensregungen, verkehrten Abhängigkeiten und verkehrten Leiden zu bewahren und mitten durch die Feinde, die Übel, die irdischen Dinge und selbst durch heilige (heilig scheinende oder scheinheilige?) Vereinigungen hindurchzugehen, mit dem Ziel im Auge, immer nur von dem großen Werke (der Wiedergeburt) mich bewegen zu lassen und beständig in demütiger Anbetung zu verharren. —

Ich habe erkannt, dass es eine sehr heilsame und sogar sehr ehrenvolle Sache für einen Menschen ist, während seines Wandels auf Erden ein wenig Gassenkehrer zu sein. —

Eine meiner ersprießlichsten Weisen war, jederzeit und mit Festigkeit auf das Sogleich! Völlig! Ohne Unterlass! mein Auge zu heften. —

Eines Tages wurde ich durch die Worte eines Geistlichen bis zu Tränen gerührt: Wie sollte Gott nicht unseren Gebeten fern sein, wenn wir selbst nicht dabei sind? — [113]

Oft musste ich zuerst anfangen, meinen Gott aufs neue zu suchen. Gewiss aber ist, dass Er mich niemals zuerst verlassen hat. — [429]

Ich habe manchmal große Fehler begangen, aber durch die Güte der Vorsehung haben diese großen Fehler mich vor Misstritten bewahrt, die vielleicht noch größer gewesen wären. — [427]

Es ist eine traurige Wahrheit, die ich leider zu oft erfahren habe, dass wir nicht nur durch unsere Fehler, sondern selbst durch unsere Missetaten lernen müssen. In der Tat habe ich immer etwas Großes gelernt infolge einer großen Verirrung, und zwar besonders die (List und doch) Torheit des Feindes und die Liebe des Vaters. — [67]

Ich habe wohl gefühlt, dass wir alles um uns her vergöttlichen müssten, wenn wir wahrhaft glücklich sein wollen. Aber ich habe auch gefühlt, dass anstatt dieses Wesensgesetz zu erfüllen, wir täglich Gott verirdischen (ins Irdische herabziehen, matérialiser) und ihn unaufhörlich auf dem Altar aller uns umgebenden Dinge hinopfern. — [6]

In meiner Jugend konnte ich nicht glauben, dass die, welche das Köstliche der Dinge des Geistes erkannt hatten, sich nur einen Augenblick von irdischen Dingen einnehmen lassen könnten. Mein Gedanke ist noch immer derselbe, obgleich ich weit entfernt bin zu behaupten, dass meine Handlungen solcher erhabenen Gesinnung immer entsprochen hätten. Und eben dies ist eine Quelle meiner Schmerzen. Allein ich habe auch eine große Quelle des Trostes, wenn ich des Urquells der Barmherzigkeit gedenke, der immer sich auf uns ergießt, wenn anders wir ihn suchen mit Ernst, mit Inbrunst und Zuversicht. —

Die gefährlichsten [unseligsten] Lagen meines Lebens waren jene, wo ich nur mich selbst zum Herren und Stützpunkte hatte und zugleich mein ganzes Ich zum Hindernis und Gegner. — [446]

Dass ich kein Ungeheuer war, genügte mir oft, mich für weise zu halten. Was ist doch der Mensch! — [430]

Eines der unerklärlichsten Wunder für mich ist, dass Gott mich mit so vielen Wohltaten und Tröstungen überhäuft, während doch so wenig in mir ist, das auch nur wert sein könnte, seinen Blick auf mich zu heften. — [457]

Wie oft musste ich die traurige Bemerkung machen, dass die Menschen fast einem Manne gleichen, der in einen Fluss fiel und nun, um sich zum Schwimmen zu schicken, wartet, dass der Fluss austrockne, indem er immer hofft, das Wasser werde ablaufen. Wie oft bin ich nicht selbst dieser Mensch gewesen!* — [460]

Fast immer sind wir die ersten Urheber des Unrechts, worüber wir anderen Vorwürfe machen. Ich muss sagen, dass dieser Vorwurf die **französische Nation** mehr trifft als irgendeine andere, wegen des Leichtsinns, der ihren eigentümlichen Charakter ausmacht. Überdies muss ich sagen, dass unter den Franzosen ich einer von denen bin, welche diesen Vorwurf am meisten verdienen. —

Ist's nicht ein Schmerz für den Geist zu sehen, dass der Mensch sein Leben hinbringt mit Suchen, wie er es hinbringen soll? Leider habe ich mir wie anderen diesen Vorwurf zu machen, während ich viel mehr Hilfen als sie empfangen hatte, mich davor zu bewahren. — [311]

Man hat mich für unbeständig in den Dingen dieser Welt gehalten. Eher würde man berechtigt sein, mich für unentschieden zu halten, wofern ich jenen Dingen mich überliefern würde. In Wirklichkeit bin ich oft im Kampf gewesen zwischen dem Anreiz

---

* Dieses tiefsinnige Wort lässt mehr als eine Deutung zu. Sehr nahe liegt u.a. jedem Menschen der Wahn, er müsse sich erst selbst erlösen und dann zum Erlöser kommen.

dieser Dinge und der Überzeugung, dass die Welt und ich nicht für einander gemacht seien. — [493]

Ohne meine große Angelegenheit würde ich vielleicht noch nichtiger und schlimmer als die anderen Menschen geworden sein, denn ich bin von Natur viel schwächer als sie. —

In einer Abendunterhaltung mit Herrn C. P. sagte ich zu ihm, dass die Ursache, warum ich mich mit so viel Eifer und Ausschließlichkeit auf meinen höheren, gottbestimmten Weg begebe, die sei, dass ich mich selbst für das armseligste und elendste Wesen von der Welt und ohne jenen mir befohlenen Weg ein völliges Nichts sein würde. Andere sind anders als ich geführt worden, und da ihnen als Menschen mehr als mir gegeben ist, haben sie nicht nötig, so hoch aufzusteigen als ich, um ihr Bestehen zu gewinnen. Was ich indes selbst tue, das rate ich auch vielen anderen, es zu ihrer wahren Vergnügung und Glückseligkeit zu tun. — [468]

Ich habe wohl gefühlt, wie unzweckmäßig es sei, das Leben immer nur von der schlimmen Seite zu betrachten. Ich fühlte, dass dies entmutigen könnte und dass es gut sei, öfters auch die **Schönheit** der Wahrheit (in der Wirklichkeit der Dinge) anzuschauen, weil ihr Anblick erfreut und stärkt. Ferner habe ich empfunden, dass der Mensch nur mit Ehrfurcht unter den **Werken der Schöpfung** umherwandeln sollte, weil er keinen Schritt tun kann, ohne seinen Gott zu finden. Endlich ward ich inne, dass die, welche gewohnt sind, die **Kreuze** (am Wege) **zu grüßen**, bei jedem Schritt und Tritt den Hut in der Hand halten müssten, da ja die Gesamtheit der Dinge nur um diesen großen Angelpunkt besteht und sich bewegt.

Diese drei Ideen hatte ich schon in meiner frühen Jugend. Aber in meinem gegenwärtigen Alter habe ich so tröstliche Lichter darüber erhalten, dass sie zugleich mein Leben und mein Glück ausmachen. —

Es ist mir klar, dass mir das Kreuz nach höherem Ratschluss verordnet wurde, weil ich es weder vermeiden noch bekämpfen konnte. So sollte es eigentlich mit jedem Kreuze sein, sonst wäre uns nicht geboten, dasselbe zu tragen. — [200]

Aus Erfahrung kann ich mir sagen, dass die tägliche Nahrung eines **Menschen der Sehnsucht** ein kleines Stück vom Holze des **wahren Kreuzes** ist, eingetaucht in die Tränen des Propheten. Wehe, wer einen Tag vorübergehen lässt, ohne sich von dieser Speise zu nähren! Er wird „sein täglich Brot" nicht genossen haben. — [107]

Zu meiner eigenen und zur Schande der Menschheit habe ich wahrgenommen, dass die Trübsale, die wir uns selber machen, weit rauer und beschwerlicher sind, als die Gott uns zuschickt. —

Zuweilen lässt uns Gott in Irrungen geraten und schickt selbst kleinere Widerwärtigkeiten, um uns vor größerem Unheil zu bewahren. Durch eine Folge dieser weisheitsvollen Vorsehung wurde ich einmal davor behütet, von dem Rauchfang meines Zimmers erschlagen zu werden, der bei dem großen Sturm am 13. Dezember 1786 in Paris einstürzte. Ich habe außerdem so viele Beweise ihrer wachsamen Liebe für mich erhalten, dass ich sehr undankbar sein müsste, sie zu verkennen. — Übrigens würde ich wie ein Weltmensch reden, wenn ich sagen wollte, dass der Tod ein Unglück für mich gewesen wäre. Er würde das nur insofern gewesen sein, als ich nicht bereit gewesen wäre. Und ohne Zweifel bin ich noch nicht reif, weil es nicht für gut gehalten worden, mich hinweg zunehmen. Hat man aber das Glück, bereit zu sein, so muss jenes Ereignis uns mit einer größeren Freude erfüllen, als der geringste und unglücklichste aller Menschen empfinden würde bei der Nachricht, dass er von seinem Volke zum König erwählt sei und nun den Thron besteigen solle. — [448]

Inmitten der Unglücksfälle, die mein Vaterland verheeren und mich verschonen, habe ich oft darüber erstaunen müssen, dass Gott mich, der seiner Gnadengaben so übel gebrauchte, so behandelt, als hätte er mir keinen Vorwurf zu machen, während eine Menge Menschen, die tausendmal besser als ich von denselben Gnadenerweisungen Gebrauch gemacht hätten, wenn sie ihnen zuteil geworden wären, nicht nur derselben beraubt, sondern auch so behandelt wurden, als hätten sie dieselben gemissbraucht. Aber ich habe erfahren, dass niemand von uns weiß, was im Grunde unserer Seele verborgen ist, wenn Gott es uns nicht offenbart, und dass das, was zuweilen diese erstaunliche Vorliebe Gottes für gewisse Menschen veranlasst, das Körnlein seines eigenen Verlangens (nicht bloß des Verlangens nach Ihm) ist, welches Ihm gefiel, in sie zu senken, und auf das alle seine Blicke und Aufmerksamkeiten gerichtet sind. — [441]

Ich habe empfunden, dass in den größten Trübsalen und Ungerechtigkeiten, die wir erfahren können, wir immer noch mehr über Glück und Gunst zu staunen haben, als wir von unserem Übel und Missgeschick gepeinigt sein würden, wenn wir nur die allmächtige Hilfe ansehen wollten, die uns umgibt und nie verlässt. —

Nie haben ich lange Gefallen gefunden an den Schönheiten, welche die Erde uns darbietet, an dem bloßen Anblick der Felder, Landschaften usw. Mein Geist erhob sich immer bald zu dem Urbilde, dessen Reichtümer und Vollkommenheiten jene Dinge uns malen, und ließ das Abbild zurück, um der süßen Empfindung seines Urhebers zu genießen. Und wer wollte leugnen, dass alle jene Reize, welche die Bewunderer der Natur empfinden, aus derselben Quelle stammen, ohne dass jene es glauben! — [400]

Wenn ich sehe, wie die große Menge die Schönheit und Anmut der landschaftlichen Natur bewundert, so überkommt mich wohl das Gefühl jener Ältesten in Israel, welche beim Anblick des neuen Tempels weinten um die Schönheit des älteren. [Esra 3, 12.13]. — [404]

Sehr oft habe ich Gott für zwei Dinge gedankt: erstlich, dass es Obere und Regierende gibt; zweitens, dass ich keiner derselben bin. — [413]

Studium und Nachdenken sind für mich Sache der Notwendigkeit, nicht der Eitelkeit. Ich besitze nicht Kenntnisse genug, um meinem Wissensstolze zu schmeicheln; aber mir ist nicht wohl, wenn ich meinen Geist fasten lasse. Dies ist der treibende Grund meiner Neigung zum Forschen und Nachsinnen. — [461]

Die Welt hat mir eine Kenntnis von sich beigebracht, die ihr nicht vorteilhaft ist. Ich sah, dass gleichwie sie nur Geist hatte, um böse zu sein, sie nicht begriff, dass man gut sein könne, ohne ein (dummes) Tier zu sein. — Ich habe in meinem Leben die Menschen fast immer besser oder schlechter als ihren Ruf gefunden. — [287]

Wie hätte ich von den Menschen erwarten sollen, dass sie mich so sähen, wie ich hätte sein können? Sie haben mich sogar fast nie gesehen, wie ich bin.[*] Auch bin ich oft in dem Fall gewesen, ihnen zu sagen, wenn bei all dieser Unkenntnis meiner sie mich zu leiten gedachten: ich hoffe wohl, dass ich zu Gott kommen werde, auch wohl, dass ihr wünschet, mich dahin zu geleiten. — [483]

Dieselben Leute sind zuweilen empört über meinen Stolz und bewundern dann wieder meine Bescheidenheit. Wenn sie sich etwas höher erheben wollten, würden sie meinetwegen vielleicht nicht mehr in Verlegenheit sein; denn das was ich empfinde, ist schöner als Stolz. — [464]

Man gewährt meiner Person Achtung, um sie nicht demjenigen zollen zu müssen, was ich meine Aufgabe nenne und was im Grunde die Aufgabe aller Menschen ist. —

Man hat mich allgemein für erleuchtet (illuminé) gehalten, ohne allemal zu wissen, was das Wort bedeute. Wenn man mich so abschätzt, antworte ich, dass es die Wahrheit ist, nur dass ich ein Erleuchteter von besonderer Art bin. Denn ich kann, wenn mir's gefällt, mich wie eine Blendlaterne verhalten, so dass ich dreißig Jahre in jemandes Nähe leben könnte, ohne dass er meine Erleuchtung bemerkt, wenn er mir nicht dazu angetan schien, dass ich ihm davon sagte. Und wie wenige dieser Art gibt es wohl auf der Welt! [485]

Ich bin so oft genötigt gewesen, mein Herz zu verschließen, dass wer mich nicht näher kannte, manchmal zweifeln konnte, ob ich eins habe. Aber wie konnte ich mich entschließen, mein Herz Personen zu überantworten, die es nur empfangen haben würden,

---

[*] Die Welt erkennt den Christen nicht, geschweige das Ideal, das er zu verwirklichen sucht. Sie hält ihn für einen Toren, und ist er offenbar ein kluger Mensch, für einen Schwärmer oder für einen Heuchler, weil notwendig sein Leben mit dem Ideale nicht übereinstimmt.

um es in ihre eigene Blindheit, Schwachheit und Unreinigkeit zu vergraben! — Die Menschen haben gemeint, es sei eine ungute Regung, die mich so oft zurückhielt, ihnen von der Weisheit zu reden, da dies doch nur von meiner Besorgnis herkam, sie möchten derselben nicht fähig sein. Denn ich habe eine so hohen Begriff von der Würde dieser Weisheit, dass ich nicht annehmen kann, der Weg, welcher zu ihr führt, können jenen in seiner ganzen Tiefe aufgeschlossen, noch weniger der großen Menge mitgeteilt werden. — Wenn ich das Glück hatte, einige Zeit in der Weisheit zu verharren, kam ich bald auf einen Standpunkt, wo ich für die anderen Menschen wie ein Fremdling wurde, der eine fremde Sprache führe. Dann aber ist es vergebene Mühe, sich ihnen verständlich machen zu wollen. Daher kommt es, dass jene, welche der Wahrheit nachtrachten, so leicht Einsame werden. — [Anachoreten. Gleicherweise verhält es sich mit den falschen Neigungen, die das Menschengeschlecht verzehren und es verhindern, sich in die freie Region des Geistes zu erheben. Die Menschen sind meist wie Insekten, die in Vogelleim oder in Gummi eingeschlossen sind oder in die durchsichtigen Fossilien, die man in der Erde zu finden pflegt. Es ist unmöglich, dass sie sich von der Stelle rühren, und dass man sie aus ihrem Gefängnis hervorlockt. 500]

Mich dünkt, ich könnte eher lernen als lehren, eher Schüler als Lehrer sein. Allein mit Ausnahme meines ersten Meisters Martinez Pasqualis, und meines zweiten, Jakob Böhme, sah ich auf Erden nur solche, die Lehrer sein wollten, und doch nicht imstande waren, Schüler zu sein. —

Es wäre meine größte Freude, Menschen anzutreffen, welche die Wahrheit erraten. Denn nur solche kann man lebendig nennen. —

Das Sprichwort: Sage mir, mit wem du umgehst, und ich sage dir, wer du bist! passt nicht auf mich. Denn fast immer war ich genötigt, das Gegenteil von denen zu sein, mit welchen ich umging. —

Man sagt mir den ganzen Tag in der Welt: diese Idee, diese Meinung ist die allgemein angenommene. Man weiß aber nicht, dass ich von den Meinungen und philosophischen Ideen viel mehr die verworfenen als die angenommenen liebe. — [321]

Ich habe nichts mit denen, die nichts haben; ich habe etwas mit denen, die etwas haben; ich habe alles mit denen, die alles haben. Eben darum bin ich in der Welt so verschieden und meistens so ungünstig beurteilt worden. Denn wo sind in der Welt die, die alles haben? Wo nur die, die etwas haben? — [490]

Ein Offizier nannte mich einst einen Spiritualisten, im Gegensatz zu einem Naturalisten, dem er, seiner Erfolge im Magnetismus wegen, wahrscheinlich den Vorzug gegeben hätte. Aber er wusste nicht, dass Spiritualist zu sein mir durchaus nicht genügt; und wenn er mich genauer kennte, würde er bei jenem Namen auch nicht stehen bleiben, sondern mich einen Divinisten (Gottesfreund) nennen; denn dies ist mein wahrer Name. — [474]

Nur dann habe ich Frieden gefunden, wenn ich mich genugsam zu der Welt der Wahrheit erhoben hatte, um sie mit der unsrigen in Vergleich setzen zu können und mich dadurch zu überzeugen, dass diese irdische, zeitliche, bürgerliche, staatliche Welt nur eine Figur ist. —

Mein Hauptbestreben ging dahin, andere zu überzeugen, dass ich nichts als ein großer Sünder sei, auf welchen Gott unendliche Gütigkeit gewendet. — [425]

Ein Wort beim h. Markus Kap. 10 lautet: „Wer immer um meinetwillen verlässt Vater, Mutter, Haus usw., der wird es hundertfältig in dieser Welt finden." Dieses Wort hat sich bei mir buchstäblich erfüllt. Ich habe die Meinungen meiner Eltern, habe selbst ihr Haus verlassen, wofern nicht die geheiligten Pflichten des Sohnes und Bruders mich an ihre Stelle zurückriefen, ich habe damit der Bequemlichkeit entsagt, die ich an ihrem Herde gehabt haben würde. Aber gewisslich bin ich dafür mehr als entschädigt worden durch Verbindungen, die mein Hauptzweck mir in der Welt verschaffte, selbst durch Paläste, in denen ich geherbergt und gespeist wurde. So wahr es ist, dass die Schrift niemals der Erfüllung bis zum letzten Jota ermangelt. Doch diese Entschädigungen haben mich nicht irregemacht, denn auf meinem Wege kennt man Freuden, höher als die von dieser Welt. Und obschon ich in meinem Leben an Tafeln der Großen saß, sättigte ich mich zu Mittag vollkommen wohl mit einem Stück Brot und Käse. — [436] Manchmal überrede ich mich, dass ich die Welt überschritten hätte, wie in meiner Jugend zum Glück die Eitelkeiten derselben. Aber wenn ich auch in meiner Erkenntnis die Welt in Wahrheit überschritt, so fühle ich wohl, dass mein sündiger Mensch noch weit entfernt ist, jenseits dieser Welt zu stehen, dass er vielmehr fast immer noch in ihr ist. —

Fünf Vorschriften sind mir auf gutem Wege zuteil geworden, und ich hätte sie nie vergessen sollen, diese nämlich: 1) Wenn in Gegenwart eines ehrenhaften Mannes abwesende Menschen beschimpft werden, so wird der ehrenhafte Mann von Rechtswegen ihr Vertreter. [136] 2) Führe einen guten Wandel, das wird dich in der Weisheit und Tugend mehr unterrichten als alle Bücher, die davon handeln; denn die Weisheit und die Tugend sind Sache des Tuns. [lebendige Dinge, 336] 3) Es hieße den Menschen einen großen Dienst leisten, wenn man ihnen (zu Zeiten) allgemein das Wort untersagte; denn auf diesem Wege berauscht sie das Schändliche und verschlingt sie lebendig. 4) Die menschliche Lebensweise wird durch Trübsale gefördert, welche sich von Station zu Station vorspannen, und denen keine uns eher verlässt, als bis sie uns zur folgenden Station geführt hat, um hier durch eine neue abgelöst zu werden. [196] 5) Man muss nicht in die Wüste gehen, wofern uns nicht **der Geist** dahin führt. Ohne dies ist er nicht verpflichtet, uns in den Versuchungen zu schützen, die uns dort begegnen werden. Und wie viele gibt es nicht, die darin unterliegen!* [333]

---

* Diese fünf anscheinend zusammenhangslosen Sätze lehrt St. Martin selbst durch seine Schriften wie sein Leben also verstehen: 1) Du bist ein Mensch, vergiss nie, dass du die Würde des Menschen vertrittst; achte deren Adel und mache ihn achten: das ist deine allgemeine und höchste Aufgabe auf Erden. 2) Die Regel deines Lebens ist in dir, in dem Lichte, das in deinem Wesen leuchtet, dem Bilde Gottes; sie ist nicht in **den** Büchern, die nur das Bild des Menschen sind. 3) Wache über dieses Licht und leide nicht, dass es sich in leeren Worten verstreue. Wer strenge wacht über sein Wort, wacht über sein Denken; wer über sein Denken wacht, wacht über seine Neigungen; und wer also wacht, regiert sich selber wohl. 4) Wer sich wohl regiert, lässt sich durch Den führen, der Alles führt, und der unsere Seele führt, indem er sie durch Leiden reinigt von dem, was sie Unreines hat, indem er sie in ihren Schwachheiten stärkt durch

Wenn ich die Menschen manchmal geflohen habe aus Furcht, von ihrer Verderbnis angesteckt zu werden, so geschah es auch wohl zuweilen, dass ich sie aus Schwäche und selbst aus Stolz floh, indem ich fühlte, dass ihre Übel und besonders die Macht ihres verderbten Willens größer waren als meine Mittel, darüber zu siegen, und dass sie nur mein Unvermögen, mir zur Demütigung, offenbart haben würden. Das sind Vorwürfe, die auch viele andere auf Erden sich machen können, aber die ich mir mehr als irgendein anderer habe machen müssen. Denn ich bin der schwächste der Menschen, und ohne die mir von der Vorsehung gewordene Hilfe wäre ich gar nichts gewesen. Auch habe ich mehr Kraft zu widerstehen als zu überwinden gehabt, und wenn man diese letztere nicht unter allen Umständen hat, müssen Klugheit und rechte Selbstliebe uns veranlassen, den Streit nicht zu suchen. — [435]

Die Welt und ich sind nicht von demselben Zeitlauf. Darum drücken mich auch die zeitlichen Trübsale wenig. Die, welche mir zuteilwurden, ebenso wie die daraus sprießenden Freuden, blieben der Welt unsichtbar und unbekannt. —

Ich habe das Glück gehabt, zu empfinden und es auch auszusprechen, dass ich mich für sehr unglücklich halten würde, wenn mir in dieser Welt etwas glückte. —

Seit den ersten Schritten, die ich in der Laufbahn machte, die mich ganz einnahm, sagte ich mir: ich werde die Sache im großen haben, oder ich werde sie gar nicht haben. Und von diesem Augenblick an habe ich manche Gründe zu glauben, dass jene Ahnung nicht falsch war. — [466]

Seit einiger Zeit (1793 April) werden mir solche Offenbarungen des Lichtes und des Trostes zuteil, dass ich versucht bin, sie als Vorratsmittel zu betrachten, welche die Vorsehung mir sendet, und zugleich als Vorsichtsmaßregeln, die sie mich nehmen lässt für große

---

die Übung unaufhörlicher Kämpfe, indem er uns von Station zu Station treibt, bis der Verlauf der Prüfungen vollendet ist. 5) Er macht, dass wir inmitten der Versuchungen und durch sie triumphieren. Diese sind das wirksamste seiner Mittel in dieser Welt, wo zwei Reiche und zwei Arten von Reizungen uns gegenwärtig sind. Wir unterliegen den Verlockungen des Bösen, wenn wir unserem eigenen Zuge, der leiblich und sinnlich ist, folgen; wir tun eine andere Wahl und sind Sieger, wenn der Göttliche Geist es ist, der uns führt. (Eine Lebensweisheit im Kleinen! — Anmerkung von Claassen)

Betrübnisse und Ängste, die mich treffen können. Die gegenwärtigen Augenblicke scheinen in Wirklichkeit solche in mehr als einer Art herbeizuführen. —

Salomo sagt, er habe alles unter der Sonne gesehen. Ich könnte jemand nennen, der ohne zu lügen behaupten dürfte, etwas mehr gesehen zu haben, etwas nämlich, das über der Sonne ist. Und dieser Jemand ist weit entfernt, sich dessen zu rühmen. —

Die meinem Geiste zuteil gewordene eigentliche Gabe, nämlich die Macht, die falsche Philosophie zu bekämpfen und die Offenbarung des Reiches Gottes inbrünstig zu erfahren, ist die Ursache, warum ich hienieden keinen anderen Platz einnehmen sollte als den neben Ungläubigen, um sie (der Wahrheit) zu unterwerfen, oder neben jenen, welche die Gaben der Apostel hätten, damit ich ihren Schatten nie verließe und den Staub von ihren Füßen küsste, alle Tage meines Lebens. — [473]

Je größer das Werk ist, das mich ruft und erwartet, desto mehr bewahrt es mich vor Hochmut. Denn desto mehr fühle ich, dass ich durch mich selbst es unmöglich vollbringen kann. —

Ich habe mich oft nach Gelegenheiten gesehnt, den Menschen die Grundlagen darzulegen, auf denen mein ganzes Gebäude und Glück beruht; und ich habe sogar manchmal gemurrt, dass diese Gelegenheiten so selten waren. Nachdem ich aber darüber nachgedacht, wie weit der Mensch von seinem rechten Wege entfernt und wie wenig auch nur geneigt ist, die Stimme seiner Sehnsucht zu hören; nachdem ich weiter bedacht, wie wenig Zeit er jenem Unterrichte widmen würde, da es doch große und zahlreiche Wendungen erfordert, um ihn nur erst zu der Einsicht zu bringen, dass es ein großes Werk zu tun gelte und dass dieses große Werk das Einzige sei, was er zu tun habe: da schweige ich, bin ruhig und ziehe mich in mich selbst zurück, begnüge mich, mich in die Arme meines Gottes zu werfen und ihn anzuflehen, dass er alle meine Brüder zu dieser milden Heimat zurückrufe. — [362]

Ich habe nur eine einzige Aufgabe in dieser Welt zu erfüllen gehabt, nämlich die, zu weinen (über der Menschen Elend); und diese Arbeit muss mir alle Reichtümer und Vergnügungen ersetzen. —

Mir schien bisweilen, als ob meine Seele schwanger sei und ich doch nicht eher gebären könnte als beim Ausgange aus dieser Welt.

Dies weckte in mir ein so großes Verlangen, aus dieser in die andere Welt überzutreten. — [470]

Mir ist gezeigt worden, dass die Wahrheiten verschiedener Ordnung sind. Ich habe einige empfangen, die ich keinem wiedersagen konnte; andere, die ich einigen; noch andere, die ich mehreren; solche, die ich vielen, und solche, die ich allen sagen konnte. — [344]

Ich habe erkannt und soll es laut bekennen, dass es für den Menschen nichts Notwendiges gibt, als was er ohne Menschenhilfe und unabhängig von Umständen tun kann und soll (Luk. 10, 42). Das ist's, warum die Wahrheit die einfältigste und leichteste aller Wissenschaften ist. —

Ich bin ein Feind der Wissenschaften gewesen, weil ich die Menschen liebte und sie durch jene auf Schritt und Tritt irregeführt sah. Die Gelehrten dagegen werden (leicht) Feinde und Nebenbuhler der Menschen, weil sie die Wissenschaft nur in der Farbe des Stolzes und irdischen Ehrgeizes anschauen. — [251]

Von frühe an waren mir die wissenschaftlichen Erklärungen der Menschen verleidet, oder vielmehr es gab nie eine, die bei mir hätte Eingang finden können. Es war in meiner Natur etwas, das sie zurückstieß, und ich sagte mir: Wie können die Menschen im Felde der Wissenschaft etwas finden? Sie erklären die Materie durch die Materie, so dass nach ihrer Beweisführung man noch einer zweiten nötig haben würde. — [284]

Alle Menschen hätten füreinander Ärzte sein sollen. Bei dieser Verteilung der Heilgaben hätte die meinige, glaube ich, darin bestanden, die Leiden des Kopfes (des verkehrten Wissens) zu heilen. Was die Leiden des Herzens betrifft, so hat Adam sie seiner Nachkommenschaft überliefert, und sie zu heilen bedurfte es einer weit höheren Macht als die seine es war: es bedurfte dazu des Herzens Gottes! — [465]

Ich sehe in der Welt eine Anzahl Schriften über Religion, Moral und christliche Philosophie, vortreffliche Schriften für willfährige, gläubige, schon zubereitete Seelen, welche sich dadurch in der Liebe zum Guten erbauen. Aber es betrübt mich, dass, wie ich es fühle, diese Werke ungenügend sind für die verirrten, ungläubigen und durch Systeme verdorbenen Gemüter, weil jene sich auf Grundlagen stützen, zu denen diese nicht das mindeste Vertrauen haben. Meinem inneren Richter zufolge habe ich nur wahre Neigung für die Werke, welche die verlorenen Schafe vom Hause Israel retten und wiederbringen können. — [256]

Meine Werke, vornehmlich die ersten, waren die Frucht meiner zarten Liebe für den Menschen, zugleich aber auch die der geringen Kenntnis seiner Lebensweise und des geringen Eindruckes, den die Wahrheit auf ihn macht in diesem Stande der Finsternis und Sicherheit, worin er versunken ist. In der Tat ist es beklagenswert zu sehen, dass er so wenig Gewinn zieht von allem, was ihm zu seiner geistigen Förderung dargeboten wird. Es sind nicht meine Werke, die mich über die falsche Sorglosigkeit betrübt machen: es sind die eines Mannes, dem ich nicht würdig bin, die Riemen seiner Schuhe aufzulösen, meines teuersten **Böhme**. Die Menschen müssen Stein oder Dämon geworden sein, dass sie nicht mehr Gewinn aus diesem Schatze gezogen haben, der vor 180 Jahren der Welt geschenkt wurde. — [459]

Gewöhnlich verfertigen die Schriftsteller ihre Bücher so, als wenn sie nichts anderes täten. Ich dagegen war genötigt, die meinigen zu machen, als wenn ich sie nicht machte. —

Weniger um zu lehren schrieb ich Bücher, als zu ermahnen und zu verhüten. Wenn ich's aber irgendwo im Schreiben an der Weisheit hätte fehlen lassen, werde ich darunter nicht so leiden, als wenn ich hätte lehren wollen, und das in eigenem Namen. Gottes Güte wird, so hoffe ich, mir gnädig sein. — [481]

Meine Aufgabe in dieser Welt bestand darin, den **Geist des Menschen auf natürlichem Wege zu den übernatürlichen Dingen zu führen**, die ihm von Rechtswegen gehören, von denen er aber sogar den Begriff verloren hat; sei es infolge seiner Verderbnis oder durch falschen Unterricht seiner Lehrer. Diese Aufgabe ist neu, und sie begegnet zahlreichen Hindernissen. Auch geht sie so langsam vonstatten, dass sie erst nach meinem Tode ihre besten Früchte zeitigen wird. Allein sie ist so weittragend und so gewiss, dass ich der Vorsehung den größten Dank schulde, mich mit diesem Werke gleichsam beauftragt zu haben, welches ich noch von niemandem bisher habe tun sehen [weil die, welche unterrichtet haben und noch täglich unterrichten, es nur in der Art tun, dass sie Unterwerfung verlangen oder wunderbare Dinge erzählen. 451]. — Es ist die Wahrheit, dass es in der Welt nicht genug Papier geben würde, um alles das aufzuschreiben, was ich zu sagen hätte. Schon vor fünfundzwanzig Jahren hatte ich diesen Gedanken. Was würde es erst heute sein, wo meine Vorräte so angewachsen sind, dass ich mich in Staub werfe vor Beschämung und Dank gegen die wohltätige und barmherzige Hand, die mit so viel Sorgfalt über mich wacht und nicht fürchtet, mich mit ihren Gnadenerweisungen zu überschütten, ungeachtet meiner Undankbarkeit und Trägheit. — [475]

Alle meine Schriften haben bewiesen, dass wir nur insoweit irgendwelches Vertrauen zu unseren Lehren haben können, als wir unseren Geist bei der **h. Schrift** in Wohnung und Kost gegeben haben. — [553]

Ich habe nicht die Gabe gehabt, den Geist, der uns überall begleitet und folgt und uns unaufhörlich mit seinem leiblich fühlbaren und wirksamen Werken umgibt, (anderen sichtbar) zu **zeigen**. Aber diesen Geist und diese Gewissheit seiner wahren und beständigen Wirkungen um uns her zu **erweisen**: diese Gabe habe ich durch Gottes Gnade gehabt. Und diese Erweise sind in den erkennenden Geist aller Menschen eingeschrieben. —

Die große und verehrungswürdige Wahrheit hat mir immer den Geist der Menschen so gern geschienen, dass ich mich noch mehr gefürchtet habe, in ihren Augen als ein Weiser denn als ein Tor zu gelten. Auch habe ich mich oftmals vor ihnen in so scherzhaften und verblümten Reden gegeben, dass sie es nur zu meinen Ungunsten erklären konnten. — [488]

Jemand sagte zu Rousseau, als dieser sprechen wollte: Sie werden dich nicht verstehen. Man könnte oft zu mir dasselbe sagen und hinzufügen: Sie werden dich nicht verstehen wollen; unangesehen,

dass man zuvor sagen müsste: Sie werden dir nicht glauben. —
[438]

Die Welt kennt nichts Mittleres zwischen Scheinheiligkeit und Gottlosigkeit. Nun habe ich immer, in Rede wie in Schriften, diese Mitte halten müssen. Daher wussten die Hörer oder Leser sich nicht darin zu finden, wenn sie auf der einen Seite nichts antrafen, was nach dem Unterricht eines Kapuziners schmeckte, auf der anderen nichts, das den Atheismus oder auch nur den Deismus vermuten ließ. Ebendarum haben mich so wenige, man könnte sagen fast keiner, verstanden. — [293]

Die Welt hat mich abgewiesen wegen der Dunkelheit und Unvollkommenheit meiner Bücher. Wenn sie sich Mühe gegeben hätte, mich tiefer zu erforschen, vielleicht würde sie jene um meinetwillen, oder vielmehr um deswillen, was die Vorsehung in mich gelegt hat, annehmbar gefunden haben. Letzteres aber sah sie nicht, weil sie nicht einmal das sah, was in meinen Büchern war. —

Menschen von Gemüt werden meinen Werken leihen, was ihnen gebricht. Die, welche sie nicht mit dem Gemüt lesen, weigern ihnen auch das, was sie haben. —

Es gibt gute Gründe dafür, dass die Bücher der Gelehrten und Schriftsteller den Sieg über die meinigen (in dieser Welt) davontragen. Ersten sind sie besser geschrieben und ihre Verfasser trugen in Wahrheit große Sorge, durch die Form zu ersetzen, was ihren Werken am Gehalt abgeht, während die meinigen auf so festem und uneinnehmbarem Grunde ruhen, dass sie die schöne Form entbehren können. Indes wenn jene gerecht wären, so würden sie zugeben müssen, dass von allen geistlichen Schriftstellern ich derjenige bin, der diesem wahren und fruchtbaren Grunde die am wenigsten befremdliche Form gegeben. Zum anderen müssen ihre Werke darum mehr Glück als die meinigen machen, weil sie darauf bedacht sind, für diese Welt zu arbeiten, ich aber nur für die andere. Zwar wollen jene wohl von der anderen Welt zu dem Leser reden, doch so, dass sie sich sehr bemühen, ihn in dieser gegenwärtigen zu belassen, da sie sonst wenig Anhänger finden würden, anstatt dass ich mit Ernst dahin strebe, ihn dieser Welt zu entreißen. Da ist es denn kein Wunder, dass ich für die Welt und für alle, die für sie arbeiten, ein Geächteter bin. — [476]

Ich kann nicht umhin, es als ein großes Glück anzusehen, dass mich die Menschen die meiste Zeit nicht verstanden haben. Denn sonst hätte ich mich durch ihre niederen Begriffe aufhalten lassen und sie hätte mich dadurch vielleicht verhindert, jenes Gut zu erlangen, was ich nur von Gott, durch den lebendigen Kanal seiner unmittelbaren, inwendigen Unterweisung erlangen konnte. – [463]

Mir kam in Gedanken, dass die mir zuteil gewordene Gabe derart sei, dass ich sie hienieden nicht ausüben könne und dass mein Zug zur Wahrheit nur in der wahrhaftigen Region verstanden werden könne. –

Wenn ich eine Welt für mich habe, so muss ich auch eine Welt gegen mich haben. Auch säumt der Feind nicht, um mich her und besonders um mein Werk Schlingen jeder Art zu legen. – [484]

Meine Bestimmung war, mit allen Menschen im Kriege zu sein, weil es so wenige gibt, welche die Wahrheit suchen. Ich war im Kriege mit der Welt, die nur dahin arbeitet, den Geist des Menschen auszuhungern und zu ruinieren, wofern sie nicht stark genug ist, ihn zu großen Untaten zu verführen. Ich war im Kriege mit den Philosophen, welche die Natur des Menschen herabwürdigen und sie zum Rang der Tiere erniedrigen wollten. Ich war im Kriege mit den Naturforschern, welche die Natur so verunstaltet haben, dass dieser Spiegel unter ihren Händen ganz blind geworden ist. Ich war im Kriege mit einigen Theologen, welche die menschliche Seele in Verwirrung setzten und vom rechten Wege abwendig machten. Ich habe gesucht, mich aller dieser Pflichten so weit zu entledigen, als es meine Umstände erlaubten, und ich wünschte wohl, dass meine Dienste in diesem Betracht meine Verirrungen und Untreuen dereinst vergessen machen möchten. – [444]

Ich habe gestrebt, Gutes zu tun, aber ich habe nicht gestrebt, Geräusch zu machen, weil ich fühlte, dass Geräusch nichts Gutes täte, und dass das Gute nicht Geräusch machte. – [486]

Ich habe nur zwei Stellungen in dieser Welt gehabt: das Paradies und den Staub. Bei den Zwischenstandpunkten mochte ich mich nicht aufhalten. Daher kam es, dass ich den meisten Menschen unbekannt war und von denen, die meinen Umgang suchten, entweder übermäßig gescholten oder übermäßig gelobt wurde. —

[504]
Mein hauptsächlichstes Trachten auf Erden ging dahin, nicht mehr auf ihr zu sein, so sehr habe ich empfunden, wie der Mensch verbannt und fremde in dieser niederen Welt ist. — Meine Sekte ist die Vorsehung, meine Proselyten bin ich selbst, mein Gottesdienst ist die Gerechtigkeit. Dies ist seit lange die Grundlage aller meiner Ideen, meiner Empfindungen und meiner ganzen Lehre. Je mehr ich im Alter vorrücke, desto mehr befestigen sich diese Grundsätze und Gefühle in mir, weil die Nahrung, die mein Geist zu sich nimmt, ganz von der nämlichen Art ist. —

Wenn ich den Zustand der Menschen in dieser niederen Welt erwog und meine persönliche Stellung inmitten so vieler, von denen ich nicht eine einzige geistliche Hilfe erwarten, denen ich auch selbst keine leisten kann, so muss ich mich wohl in Gedanken als den **Robinson der geistlichen Welt** betrachten, wie er genötigt, allein auf meinen Unterhalt bedacht zu sein, mich gegen die wilden Tiere zu verteidigen und unaufhörlich all meine Kräfte auf meinen Schutz und mein Fortkommen zu verwenden. Aber wie er, habe ich auch oft in mir ein sicheres Ahnen verspürt, das mir Trost und starke Hoffnung gab, dass nämlich eines Tages ein gastliches Schiff kommen und mich aus meiner Einöde abholen werde. — [433]
Meine lebhafteste Furcht in Bezug auf das geistliche Leben ist nicht die, dass ich selbst nicht dereinst von der großen Barmherzigkeit aus dem Schlamm gezogen werde, sondern dass ich so viele andere sehe, die ich darin zurücklassen werde. Dieser geistliche Schmerz ist der wahrhaft kostbare Schatz, den mir Gott verliehen. Wie bitter es mir auch im Herzen sei, doch ist er mein Lösegeld, und an mir ist es, ihn nicht unnütz verkommen zu lassen. —

Mein Werk hat seine Grundlage und seinen Verlauf im Göttlichen. Darum ist es dem Sinnenmenschen so fremd und in der äußeren Ordnung der Dinge so wenig bemerkbar. Es wird aber, hoffe ich, auch sein Endziel in demselben Göttlichen finden. Das ist der Grund, warum es frei, erquicklich und vollständig erst dann vonstatten gehen wird, wenn ich von meiner irdischen Hülle entbunden sein werde. Diese Welt ist nicht fähig, das Werk eines Menschen des

Friedens aufzunehmen, der nur in seinem Ursprung leben und handeln will. Auch beunruhigen mich nicht meine vergeblichen Erwartungen, Entbehrungen und selbst Trübsale, obgleich sie mich bekümmern, mich leiden und weinen machen. Ich fühle inmitten all dieser dunklen Engen einen geheimen Faden, der mich hält, um mich zu retten. Mir ist wie einem, der ins Meer gefallen, aber ein Tau in seiner Hand hält, das er fest um seine Handwurzel schlingt und das mit dem Schiffe verbunden ist. Ungeachtet ein solcher ein Spiel der Wellen ist und die Fluten über sein Haupt gehen, können sie ihn nicht verschlingen. Er fühlt von Zeit zu Zeit sein Rettungsmittel und hat die feste Hoffnung, dass er bald wieder in das Schiff gelangen werde. — [445]

Die gerichtlichen Sachwalter empfangen den Lohn für die geführten Rechtshändel nicht während der Sitzung, sondern außerhalb derselben nach ihrem Schlusse. Das ist meine Lebensgeschichte, und darum verzichte ich darauf, in dieser niederen Welt meine Belohnung zu empfangen. — [454]

Am Ende meines irdischen Lebens werde ich nicht sagen, dass ich durch die Welt gegangen sei. Denn in der Tat bin ich nur an ihr vorübergegangen, sowohl hinsichtlich ihrer Ehren und Vergnügungen als auch jener lebendigen und reinen Freuden, deren Genuss mir vergönnt ist, welche nicht wie ich in die Bahn gezogen wurde, die ich verfolgt habe, und die daher frei genug bleiben, sich den frohen Gefühlen ihres Herzens zu überlassen. Aber ich werde auch sagen können, dass ich an der Pein der von Ehrgeiz gequälten, an den Ängsten der Neidischen vorübergegangen bin, sowie an den furchtbaren Stößen, die so oft das Los der Seelen sind, welche hienieden Muße genug haben, sich ihrer Zärtlichkeit und allen Regungen ihrer Wünsche hinzugeben. Da ich so das Unglück der Welt nicht erfahren habe und weit entfernt bin, mich zu betrüben, dass ich das Glück der Welt nicht erfuhr, werde ich nicht aufhören, Gott zu danken, dass er mir mehr gegeben hat, als die gesamten Vergnügungen aller Jahrhunderte mir hätten geben können. — [455]

Ein unaussprechliches Glück für mich war es zu fühlen, dass obgleich ich ohne Feindschaft und Missgeschick auf Erden bin, ich zu Gott sagen konnte: Nimm mir diese Welt, wenn du willst, und nicht erst morgen, sondern jetzt, zur Stunde! —

Was mir so viele Freuden in meiner Laufbahn bereitet, ist das Gefühl, dass ich, Gott sei Lob! gleichsam am Ziel derselben angekommen war, ehe ich abreiste, während so viele noch nicht abgereist waren, nachdem sie schon angekommen. — So lange ich bin und denke, habe ich nur eine einzige Idee gehabt, und mein höchster Wunsch ist, sie bis zum Grabe festzuhalten. Ebendarum ist meine letzte Stunde der heißeste meiner Wünsche und die süßeste meiner Hoffnungen. — [229]

Das Glück, dessen meine Seele genoss, ist derart gewesen, dass viele sich keine Vorstellung davon machen konnten. Mehrere haben es geschmäht, ohne vielleicht zu ahnen, dass es aus Stolz oder aus Bedauern geschah, nicht so glücklich als ich zu sein. — [482]

Glücklich sind die, welche allein mit ihren Tränen ankommen! Ich hoffe, dies werde einst auch meine Bestimmung sein. Mein ganzer bisheriger Entwicklungsgang und die Regungen meines inneren Lebens lassen mich dies erhoffen. — [491]

Wenn ich einst vor dem Richterstuhl Gottes erscheinen werde, will ich zu Ihm sagen: Ich weiß wohl, dass ich unrein bin und mir tausend Sünden vorzuwerfen habe, dass es also unmöglich ist, dass du mich nicht die ganze Strenge der Reinigung solltest ausstehen lassen. Aber ich weiß auch, dass du mir tausend Gaben und Wohltaten erwiesen hast, in denen du selbst bist, und die so mit mir verwachsen sind, dass sie und ich zusammen nur eins ausmachen. Es ist also unmöglich, dass du mich für immer von deinem Angesicht verstoßen könntest, denn sonst müsstest du dich ja von dir selbst verstoßen! — [440]

[Ich bin oft in der Notwendigkeit gewesen, mein Herz zu verengen, so dass diejenigen Leute, welche mich nicht näher kannten, zuweilen hätten zweifeln mögen, ob ich wirklich ein Herz habe. Doch wie hätte ich mich dazu entschließen können, mein Herz an Menschen zu übergeben, die es nur an sich gerissen hätten, um es darauf in ihren Torheiten, Schwachheiten und Unreinigkeiten zu begraben.] — [426]

[Als ein Feger des Tempels der Wahrheit kann ich mich nicht wundern, dass so viele Menschen wider mich sind; der Unrat widersetzt sich dem Besen so lange wie möglich.] — [432]

[Alle meine Schriften haben zu beweisen gesucht, dass wir auf unseren Lehrsätzen nur dann vertrauensvoll uns niederlassen dürfen, wenn wir unseren Geist bei der heiligen Schrift in die Kost getan haben. Mein ersten Werk jedoch: Des erreurs de la verité — möge man hiervon ausnehmen, weil ich darin nur einen Zweck verfolgte, die materialistische Philosophie zu bekämpfen, und das Ziel, zu dem ich den Leser führte, nicht sehen lassen durfte, ohne dagegen im Voraus einen Widerwillen zu erregen; so sehr ist die h. Schrift unter den Menschen verrufen. Übrigens bin ich mit den Prinzipien der Natur auferzogen worden, und das sind die einzigen, die man sogleich dem menschlichen Verstande vorhalten muß; die auf sie folgenden Traditionen sind zwar überaus erhaben und tief, aber nur als Bestätigung müssen sie angewandt werden, weil auch der menschliche Verstand eher als die Bücher vorhanden war.] — [443]
[Je größer das Werk ist, das meine Tätigkeit fordert und erwartet, umso kräftiger schützt es mich vor dem Hochmute; denn umso mehr fühle ich, dass ich unmöglich durch mich selbst es vollbringen kann.] — [447]
[In früherer Zeit konnte ich mich nicht überzeugen, dass die Menschen, welche die Süßigkeit der geistigen Dinge erkannten, nur einen Augenblick fähig wären, mit den Dingen der Welt sich zu beschäftigen. Meine Gesinnung ist noch dieselbe, wiewohl ich sehr weit davon entfernt bin zu behaupten, dass meine Handlungen einem so erhabenen Ziele jederzeit angemessen gewesen wären, und das ist eine Quelle meiner Leiden; aber ich habe auch eine große Quelle der Tröstungen, wenn ich an die Quelle der Barmherzigkeiten denke, die ununterbrochen auf uns sich ergießt, wenn wir mit Eifer, Wärme und Vertrauen nach ihr suchen.] — [449]
[Zu Ende des Jahres 1802 gab ich mein Werk: Le ministère de l'homme esprit heraus. Wiewohl dieses Werk viel klarer ist als die übrigen, so weicht es doch zu sehr von den gewöhnlichen Ideen ab, als dass ich auf einen günstigen Erfolg hätte rechnen können. Während des Schreibens war mit oft zumute, als wenn ich auf meiner Geige Walzer und Angloisen zum Tanze spielen wollte auf dem Kirchhofe von Montmartre; da könnte ich immerhin den Bogen

auf- und niederziehen; die Leichname, welche dort ruhen, würden keinen meiner Töne verstehen und nicht tanzen.] — [450]

[Sie gestehen meiner Person einige Achtung zu, um sich von der Achtung vor demjenigen freizusprechen, was sie meine Angelegenheit nennen und was in Wahrheit die Angelegenheit der ganzen Welt ist. Es ist ungefähr wie mit einem heiratsfähigen Mädchen, das einäugig und hinkend ist; seine vorgeblichen guten Freundinnen ermangeln nicht zu sagen, es habe doch einen guten Charakter!] — [452]

[Meine größte Besorgnis hinsichtlich des geistlichsten Lebens hat nicht sowohl darin bestanden, dass die große Barmherzigkeit Gottes nicht eines Tages mich selbst aus der Kotlache ziehen werde, sondern vielmehr darin, dass ich so viele andere in ihr zurücklassen werde. Dieser geistige Schmerz ist aber doch der beste Schatz, den Gott mir gegeben hat.* Welche Bitterkeiten es auch meinem Herzen bereiten möge, er ist doch mein Lösegeld, und ich habe nur darauf zu sehen, dass ich ihn nicht vergeblich besitze.] — [453]

[Der heilige Paulus wünschte Anathema für seine Brüder zu sein, damit sie selig würden (Röm. 9, 3); wie möchten wir mit größerem Grunde nicht wünschen, Anathema für Gott zu sein, damit sein Reich komme!* Auch war ich durch seine Gnade bisweilen so glücklich, dass ich ihm sagen konnte: wenn es ihm auch gefallen möchte, mich mit Schmach zu überhäufen und wegen meiner Verbrechen mich zu verderben, so bäte ich ihn doch, keinen Anstand zu nehmen; so lebendig war in mir das Verlangen, dass sein Reich sich erfülle und dass er das Licht seiner Erkenntnis unter dem Menschengeschlecht ausbreite, das allein dieses Lichtes fähig ist und seiner sich bewusst werden kann und Gott dafür preisen.] — [456]

[Die seelenvollen Menschen leihen meinen Werken, was ihnen gebricht; die aber, welche sie ohne Seele lesen, sprechen ihnen auch das ab, was sie haben.] — [477]

---

* Es ist der Schmerz des Welterlösers, und den alle seine Jünger zu teilen haben, wodurch sie ihm ähnlich werden. Vgl. Lk 13,34.

* Weltmenschen werden diese Sprache nicht verstehen; indessen finden sie es schön und bewunderungswürdig, wenn sich jemand in der irdischen Liebe ganz vergisst und sich dafür selbst aufopfert.

[Gewöhnlicherweise widerfährt es mir bei reinen und tugendhaften Menschen, dass ich heilsame Ideen über die Größe Gottes, unser Elend, die Vorteile des Gebets zu unserer Wiederherstellung erhalte; bei unreinen und bösen Menschen dagegen erfüllen mich lauter betrübende Gedanken; bei Menschen von einer erhabenen Gesinnung wird mein Geist mit ihnen erhoben; bei gottlosen und bei den Philosophen* empört sich mein Geist und empfängt beinahe immer ungleich stärkere und gewissere Auflösungen, als ihre Argumente sind. Ja bei ihnen selbst habe ich fast alle die Waffen erhalten, deren ich mich gegen sie bedient habe, und alle, die noch unter meinen Vorräten niedergelegt sind bis auf die Zeit des gelegenen Gebrauchs. Wir müssen hienieden alle diese verschiedenen Eindrücke durchmachen; nur so können wir entweder vollkommene Staatsmänner (hommes d'état) werden, oder geistig erfahrene Streiter. Die, dazu berufen sind, es durch die Tat zu sein,** müssen auch ihre Prüfungen durchmachen, weil das alte Gebot: im Schweiße deines Angesichtes usw. sich erfüllen muss.] — [479]

[Ich habe nicht die Gaben gehabt, den Geist zu zeigen (montrer), der uns überall begleitet, indem er mit seinen physischen fühlbaren und wirksamen Werken unablässig uns umgibt; aber ich habe durch die Gnade Gottes die Gabe gehabt, diesen Geist zu beweisen (démontrer) und die Gewissheit seiner wirklichen und beständigen Taten um uns; und diese Beweisungen (des Geistes) stehen in der Intelligenz aller Menschen geschrieben.] — [487]

[Weil ich dazu berufen war, in der Region des Geistes zu wandeln, so musste ich den Becher der Torheit bis auf die Hefen austrinken.] — [489]

[Zuweilen überrede ich mich, dass ich durch die Welt gegangen bin, wie ich in meiner Jugend bei guter Zeit durch den Leichtsinn (frivolité) gegangen bin. Aber, wenn ich wirklich in meiner Einsicht (intelligence) durch die Welt gegangen bin, so fühle ich wohl, dass

---

* Man muss an die französischen Philosophen (Materialisten und Atheisten) des 18. Jahrhunderts denken.

** Die reinen Praktiker wie Francke, Zinzendorf. Die gehen zwar nicht den mühsamen Weg der Spekulation, aber einen anderen, nicht minder beschwerlichen. — Es sind mancherlei Gaben, daher auch mancherlei Lebenswege.

mein sündiger Mensch noch weit davon entfernt ist, außerhalb dieser Welt zu sein, und dass er fast immer darin ist.] — [492]

[Der Knecht im Gleichnisse (Mt 25,24) sagt zu seinem Herrn, dass er sammle, wo er nicht gestreut habe, und ich bin zumeist genötigt gewesen, da zu streuen, wo kein Boden war. Die Menschen, mit denen ich verkehrte, verlangten schon im ersten Augenblick unseres Zusammentreffens, dass ich bereit sein möge, ihnen das Ende zu zeigen, und wir sahen uns doch so selten, dass sie nicht einmal den Anfang zu machen imstande waren. Freilich kostet es keine geringe Zeit, den Anfang zu machen.] — [495]

[Alle Weltleute haben zweimal mehr Geist als ich; aber gerade deswegen besitze ich zuletzt mehr als sie, weil ich nur den Geist gebrauche, den ich habe, dagegen sie eines anderen sich zu bedienen suchen als dessen, den die Natur ihnen gegeben hat, — und weil die Einheit über jede Vielheit siegen soll, oder weil, nach einem bekannten Lehrsatze, der Geist, den man haben will, demjenigen schadet, den man hat.] — [496]

[Die Menschen sind der Meinung gewesen, dass häufig ein unrichtiges Gefühl mich zurückhalte, zu ihnen von der Weisheit zu reden. Aber der Grund meiner Zurückhaltung lag in der Besorgnis, dass sie der Weisheit nicht würdig sein möchten, und ich habe eine solche Meinung von der Erhabenheit dieser Weisheit, dass ich nicht umhin kann zu glauben, der Weg zu ihr könne nicht in seiner ganzen Tiefe vor den Menschen aufgeschlossen werden, und am wenigsten vor dem großen Haufen.]* — [499]

[Ich habe wohl zuweilen gesagt, dass uns die Schriftsteller nur vergoldeten Unrat geben, und dass ich dagegen ihnen unrätiges Gold gebe.] — [501]

---

* Wahr ist es, das Evangelium soll nach des Herrn Geheiß von den Dä-chern gepredigt werden, Mt 10,27, indessen hat derselbe auch verboten, das Heiligtum den Hunden zu geben, ib. 7, 6. — Wo die Apostel in einen Ort kämen, das Evangelium zu predigen, sollten sie sich erkundigen, ob jemand darinnen sei, der es **wert** (άξιοσ) sei, 10,11. — Übrigens meint St. Martin diejenige Weisheit, die nach ihrem Wesen nicht das Eigentum aller sein kann, sondern eine besondere Gabe des heil. Geistes ist, und als solche 1Kor 12,8 ausdrücklich bezeichnet wird (λογοσ σοφιασ, λογοσ γνωσεωσ). — Aus dieser Gabe ist die Apokalypse hervorgegangen, und, ohne Widerrede, passen apokalyptische Vorträge nicht für die Kanzel.

[Die Weltmenschen behandeln mich als einen Narren, und ich will nicht mit ihnen darüber rechten. Nur das mögen sie mir zugestehen, dass ich es wohl Narren gibt, die man fesseln, aber auch solche, die man entfesseln muss. Sie sollten daher zum wenigsten unter-suchen, in welche der beiden Klassen ich gehöre, damit man sich nicht darüber täusche.]* — [502]

[Eine von mir sehr geschätzte Person sagte mir zuweilen, dass meine Augen von Seele verdoppelt wären. Ich antwortete ihr, dass ihre Seele vom lieben Gott verdoppelt wäre und dass ich deswegen mich so sehr zu ihr hingezogen fühle und so gern bei ihr verweile.]
— [503]

[Ja, mein Gott, ich hoffe, du werdest ungeachtet meiner Fehler noch in mir finden, dessen du dich wirst getrösten können!] — [506]

---

* Das Christentum verlangt nur eines von der Welt: Duldung, Freiheit. Es ist die Bitte des Diogenes an den Alexander. — Ohne diese Freiheit und Duldung kann großes Elend entstehen, nicht durch die Schuld des Christentums, sondern seiner, nicht allezeit vollkommenen Bekenner. Ein Beispiel gibt der Krieg gegen die Albigenser im 13. Jahrhundert.

Gedankenspäne

Beim Niederschreiben vieler zerstreuter Gedanken habe ich mir wohl gesagt, dass ich nicht hoffen dürfte, dadurch ein dauerndes Werk zu schaffen, weil zerstreute Gedanken fast wie verlorene Gedanken sind. Denn gewiss sind sie nur für sehr schwache oder für sehr starke Geister geeignet. Für die, welche zwischen beiden stehen, bedarf es zusammenhängender Worte, die uns nähren, erwärmen und erleuchten mit eins. Diese Vorteile können sich zwar auch in zerstreuten Gedanken finden, aber sie sind darin allzusehr zusammengedrängt, als dass die große Mehrzahl eine zureichende Nahrung daraus ziehen könnte. — [437]

Offenbarung und h. Schrift

Es ist unmöglich, dass die großen Offenbarungen, welche dem Menschen zuteilwerden, nur die Befriedigung seiner Wissbegierde und die Vermehrung seiner Kenntnisse zum Zweck haben sollten, umso weniger als es solche auf Erden offenbarte Wahrheiten gibt, die dem Menschen, scheint es, nur in einer zukünftigen Region gehören sollten. Gewiss werden ihm diese Schätze nur eröffnet, damit er zu ihrer fruchtbaren Verwertung gelange. Nur dazu werden ihm die Dinge gezeigt, wie sie sind, damit er sich entscheide, sich ans Werk zu setzen und nach seinen Kräften dazu beitrage, dass sie werden, wie sie sollen. —

Alle Seelen sind für die Wahrheit geschaffen. Man muss ihnen nur Zeit geben, sie zu empfinden. Diese Zeit aber richtet sich nach dem Grade der Dichte der Wolken, die sie verhüllen. — [385]

Der Mensch hat Vorzeichen von allem, er achtet aber nicht darauf. In der Tat ist in unserem Luftkreise alles enthalten; das Geheimnis aber besteht darin, in ihm selbst lesen zu können. —

Je größere Ähnlichkeit die verschiedenen **Überlieferungen der Völker** unter sich zeigen, umso mehr beweisen sie die Notwendigkeit eines ihnen gemeinsamen Stammes. Die **israelitischen** Überlieferungen scheinen dieser allen gemeine Stamm zu sein. Die Zweige dieses großen Baumes haben sich über den Mittag verbreitet, wo tausend Arten von Abgötterei daraus gesprosst sind; über den Morgen, wo die Denkmäler der Wissenschaften sich sichtbar erhalten haben und wo daher weniger Götzendienst gewesen ist. Die Früchte sind gen Abend gefallen wie an den Fuß des Baumes, nachdem sie reif geworden. Die Wurzel ist immer in Asien geblieben, und vor dort aus hat diese Quelle, einem großen Strome gleich, ihre Wasser über die ganze Erde ergossen, auf dass alle Wesen kommen möchten und ihren Durst stillen. — [53]

Man kann, wenn man will, sich der Mühe unterziehen, die Gedanken der großen Männer zu sammeln, und kann sich der Verwunderung hingeben, die sie einflößen; man kann erstaunen mit Homer, sich aufschwingen mit Pindar, gerührt werden durch Tibull und Virgil, kann lernen von Aristoteles, Tacitus, von Tertullian und den großen Kirchenlehrern; kann seinen Geschmack bilden an den Werken von Racine usw. Aber wenn man auch kein einziges dieser Hilfsmittel besäße, so gibt es andere, mit denen man sich bald darüber trösten könnte, weil sie alle jene insgemein in sich vereinigen. Das sind die **heiligen Bücher**, und besonders der durch fast alle diese erhabenen Schriften ausgegossene prophetische Bestandteil. Man wird darin ungleich größere Gedanken finden als in allen eben genannten Schreibern und zugleich viel wahrere. St. Paulus stellt die Weissagungsgabe über die anderen. In der Tat ist sie die, welche die Seele aller h. Schriften zu sein scheint. Und weil der Geist sie alle durchdringt und erfüllt, so ist man sicher, in diesen göttlichen Büchern eine geheime innere Verbindung, eine so belehrende und lichtgebende Übereinstimmung zu finden, dass man nicht anders kann als anerkennen, dass ein **einiger Geist** sie eingegeben hat. Es ist das Wasser, das die ganze Erdmasse durchtränkt und abwechselnd in allen ihren Teilen umläuft, und welches ungeachtet der räumlichen Entfernungen überall denselben Charakter, dieselben Eigenschaften zeigt, nämlich die, alles zu reinigen, alles beweglich und flüssig zu machen und dadurch alles zu beleben, alles zur Einheit und allgemeinen Verbindung und Vereinigung zurückzuführen. — [164]

Die h. Schrift ist nur eine, aber sehr vollständige Bestätigung alles dessen, was der Mensch (von der ewigen Wahrheit) lernen und erkennen kann, sowie der wahren Gestalt alles dessen, was ist. Sie enthält die Gründe und Zeugnisse, welche die Wahrheit bestätigen, weil jene von dieser selbst abgeschrieben sind. Für solche freilich, die nichts zulassen, ist diese Bestätigung so gut wie keine. Der nackte Buchstabe darf begreiflicherweise nur zwei Arten von Leuten dargeboten werden: solchen, die schon Erkenntnis besitzen, weil die Dunkelheit des Textes ihnen nicht anstößig ist, und solchen, die eines so einfältigen Geistes sind, dass ihr Glaube sie ohne weiteres allem unterwirft, weil sie alsdann in der Demut ihres Herzens alle ihnen verständlichen Gebote in Ausführung zu bringen suchen. Bei allen übrigen hieße es die Wahrheit bloßstellen oder zum offenbaren Schaden verwenden, wenn man solche durch das geschriebene Wort widerlegen wollte, bevor ihre Blindheit und Sündigkeit ihnen bewusst geworden und ertötet ist. − [351]

Um die Menschen zu unterweisen, sollte man nie zuerst von der h. Schrift mit ihnen reden, sondern zuvor die festen Grundlagen ihnen geben, auf die ihre ganze Geschichte gegründet ist. Fänden sie alsdann in der Schrift ein Zeugnis und eine Bestätigung dieser Grundlagen, so würde ihre Vernunft sich nicht mehr dagegen auflehnen, wie sie es sonst gegen diese wichtigen und heilsamen Zeugnisse tut. Es würde sich dann (den guten **Willen** vorausgesetzt) eine glückliche Vereinigung bilden zwischen der menschlichen Vernunft und den heiligen religiösen Überlieferungen. − [334]

Wenn das Wort **Gottes** in seiner ganzen Kraft nicht **in uns** ist, wie werden wir andere es schätzen lehren? Wie werden wir unsere heilige Bestimmung erfüllen können, dem Erzfeinde die Beute zu entreißen und ihn in seinen Abgrund zu stürzen; Krankheiten zu heilen; Seelen aus ihrer Pein in dieser oder jener Welt (durch unsere Fürbitte) zu befreien; Ordnung in den Elementen zu erhalten; mit dem Blick unseres Geistes alle Regionen zu durchdringen und in unserm ganzen Wesen den Abglanz des göttlichen Feuers zu offenbaren, das uns beseelt und durch uns auf Erden Gutes wirken will! − [... das uns belebt, um seine Gerechtigkeit gegen die Sünder durch uns zu vollziehen, die elementarischen Unordnungen zu beschränken, seine Liebe zu allen Menschen des Friedens an den Tag zu legen und die Gaben der höchsten Glückseligkeit über die zu verbreiten, welche durch Arbeit und Beharrlichkeit würdig geworden sind, ihm nahe zu kommen. [24]

Alle in den Grundwahrheiten unterrichteten Menschen sprechen dieselbe Sprache, als ob sie Bewohner desselben Landes seien. — [131]

Es wird mir klar gezeigt, dass es zwei Wege gebe: einen, wo man sich versteht, ohne zu sprechen, und den anderen, wo man spricht, ohne sich zu verstehen. —

Die Lehren der Wissenschaft erfordern besonders Begabte; die göttlichen Lehren wenden sich an alle Menschen. Die Berufung zum Christentum ist göttlich, öffentlich, alle Völker der Erde umfassend. Die an dieser Berufung teilhaben und dennoch Sonderlehren und Sonderverbindungen darin einführen wollen, begehen einen Diebstahl. —

Die Diener der Wahrheit und der Religion sollten den Geist ihrer Zöglinge mehr auf den Grund führen, statt sich in Einzelheiten und Nebenfragen einzulassen, die nur verwirren und Unordnung erzeugen. — [151]

Oft ist es ein Irrtum zu glauben, dass die Einsicht allezeit der Praxis vorangehen müsse. Die Folge davon sind besonders in der Ordnung der wahrhaftigen (göttlichen) Dinge gefährlich. Wenn es Fälle gibt, wo die Praxis von der Einsicht geleitet werden muss, so gibt es tausend andere, wo umgekehrt die Praxis die Einsicht führen muss. Von dieser Art ist der Gebrauch der heiligen Geheimnisse der Kirche. Wenn man sie durchaus begreifen will, bevor man ihnen nahetritt, wird man wahrscheinlich immer ihnen fernbleiben. Versucht man aber, in Einfalt, mit lebendigem und reinem Herzens-Verlangen sich ihnen zu nähern, so ist zu erwarten, dass man auf irgendeine Weise ein Gefühl davon erhalten und ihre Lieblichkeit schmecken werde. — [160]

Einst sagte ich zu jemand: Willst du verstehen, was die h. Schrift lehrt, so beginne damit, zu tun, was die h. Schrift gebietet. Das ist's, worauf alle Verheißungen an Israel durch die Propheten beruhen: auf der Treue dieses Volkes gegen die Gebote des Herrn. Und das ist's, worauf die Drohungen beruhen: auf der Nichtbefolgung der zeremoniellen und geistlichen Gesetze der Verheißung und des Bundes. Welches waren die Verheißungen? Das Erdreich zu besitzen, das Volk Gottes zu sein und Gott und seinen Geist zum Führer zu haben. Welches waren die Drohungen? Zu schmachten in Finsternissen und in Blindheit. Wenn daher die Lehrer und alle, die sich des Schlüssels des Wissens bemächtigt haben, das Gesetz und die Gebote der Schrift nicht befolgen, weil sie an jene nicht glauben, werden sie diese Gebote auch nicht mehr begreifen und den Geist und den Sinn der Wahrheit aus den Augen verlieren. Alsdann aber modeln sie alles, was sie nicht begreifen, nach ihrem Belieben und kommen zuletzt dahin, es ganz zu verwerfen oder es in einem seichten und materiellen Sinne zu erklären. Und das ist ebenso viel als den Weinberg des Herrn von Grund aus verwüsten und verstören. Lex, Lux. (Durch Gesetz zum Licht oder durch Tun zum Erkennen, vgl. Joh. 7, 17.). — [337]

Gott war allein, da er den Menschen schuf; er will auch allein ihn unterweisen. — [16]

Gott

Gott ist ein stehendes Paradies, der Mensch sollte ein wandelndes sein. — [3]

Güte und **Liebe** sind die Wurzel- und Ureigenschaften Gottes. Denn er denkt, will und handelt nur in der Absicht, allen Wesen das höchste Gut zu verschaffen. — [20]

Der höchste unserer Genüsse ist der zu fühlen, dass Gott sich **in uns** mit der (ewigen, wesentlichen) **Weisheit** vermählen kann, oder vielmehr, dass die Weisheit nimmer in uns komme ohne ihn, noch er ohne die Weisheit. — [23]

Die, welche über die Herzensgüte mancher Menschen in Entzücken geraten, befriedigen mich nur zur Hälfte, und öfters betrüben sie mich nur. Denn indem sie unsere bewundernden Augen so auf den Menschen richten, hindern sie uns, sie auf Gott und seine Wunder zu heften. Lasset uns Gott loben und seine Werke erforschen; niemand ist gut, denn Er. Des Menschen Tugenden und gute Eigenschaften sind so geringe, dass ich fast wünschen möchte, man spräche nicht davon. — [25]

Wenn man den Menschen von Gottes Empfindung spricht, so antworten sie, dass Gott nicht empfinde wie wir. Ohne Zweifel. Aber an uns ist es, danach zu streben, dass wir empfinden wie er. Ohne das können wir nichts von seinem Werke verstehen, noch weniger uns unter die Zahl seiner Diener rechnen. In der Tat ist dieses gottähnliche Empfinden so sehr das **Eine Notwendige**, dass wir ohne das nur Leichname, d.h. weniger als Steine sind. Denn die Steine sind in ihrem Gesetz, sind, was sie sein sollen, aber des Menschen Seele soll niemals Leichnam sein.* — [13]

Die größte Sünde, die man wider Gott begehen kann, ist die, dass man an seiner Liebe und Barmherzigkeit zweifelt. Denn das heißt zweifeln an seiner Allmacht, und dies ist das immerwährende Verbrechen des Fürsten der Finsternis. — [9]

Ist es nicht traurig, ja herzzerreißend, dass wir die Liebe Gottes gleichsam nur durch unsere Missetaten kennenlernen? Wenn wir ihn aber so milde und groß finden, wenn wir von ihm abgewichen sind, wie muss er dann sein, wenn wir weise und fromm sind? Ja, schon aus wohlverstandenem Vorteil unseres eigenen Glückes müssten wir seinen Geboten treu sein. Unseliger Feind des Menschen! Du weißt nur zu wohl, wie viel du verlieren würdest, wenn er weise wäre, um ihn nicht ohne Unterlass von der Sorge davon abzuhalten. Aber du weißt nicht, dass Gott Liebe ist selbst nach unseren Missetaten, und dass darum doch alle seine Pläne zuschanden werden. Denn wie du die Erkenntnis des Anfangs der Dinge verloren hast, so kannst du auch jene von ihrem Endziel nicht haben. — [12]

Ich habe oft gesagt und kann es nicht genug wiederholen, dass es für mich nur zwei unbegreifliche Dinge gibt. Das eine: die immer fortwährende Liebe Gottes zu den Menschen, ungeachtet ihrer Undankbarkeit; das andere: die Undankbarkeit der Menschen, ungeachtet seiner immer fortwährenden Liebe gegen sie. — [32]

---

* Empfindung, sensibilité — dass Gott ein **lebendiger** Gott ist! die angeführte Antwort wird besonders gern gegeben, was den **Zorn** Gottes anlangt. Dagegen wird umso häufiger von der Liebe Gottes gesprochen, die doch auch eine sensibilité voraussetzt, da eine laue Liebe ganz nichtssagend ist, und eine solche, die Böses und Gutes gleich seht liebt, vollends ein Unding.

Es befremdet euch, dass Gott einen Menschen regieren und begeistern kann, und es befremdet euch nicht, ihn herrschen und regieren zu sehen in allen Pflanzen und Tieren.* — [5]

Gott handelt gegen uns, als wollte er uns durchaus zwingen, Ihn zu lieben. — [15]

Mir ist ein Götzendiener weniger zuwider als ein Deist, weil dieser alle Gemeinschaft zwischen Gott und dem Menschen aufhebt und abschwört, während der andere sich nur über die Art und das Mittel dieser Gemeinschaft täuscht.** — [7]

Wenn der Gott der Menschen ihnen gliche, würde ich auf der Stelle Atheist werden. — [4]

Die einen glauben an Gott, die anderen leugnen ihn. Würde diese Verschiedenheit stattfinden, wenn das menschliche Geschlecht nicht gefallen wäre? — [22]

Es ist eine gewisse Wahrheit, dass man **Gott überall finden** kann. Wehe darum jenem, der sich entmutigen und seinen Glauben an Gott schwächen lässt, so dass er an Seinem allumfassenden und allbeherrschenden Dasein zu zweifeln anfinge. Aber es ist auch eine nicht minder gewisse Wahrheit, dass man **Gott überall verlieren** kann, wenn man nicht beständig auf seiner Hut ist. Daher wehe denen, die sich in Nachlässigkeit gehen oder sich gefangen nehmen lassen von den nur zu zahlreichen Täuschungen, von denen alle Orte unserer traurigen Wüste voll sind. — [19]

[Es gibt Menschen, die an Gott glauben und die dessen ungeachtet keine anderen Prinzipien anerkennen als die Tatsachen. Nach ihrer Lehre müsste der Gott, an den sie glauben, selbst das Ergebnis von Tatsachen sein. Das ist eine außerordentliche Folgewidrigkeit. Dessen ungeachtet will ich ihnen gerne zugestehen, dass Gott das Ergebnis einer Tatsache ist, aber einer solchen,

---

* In der Tat ist es ein Lieblingsgeschäft mancher unserer Rationalisten, die Spuren der göttlichen Vorsehung in der Tier- und Pflanzenwelt zu verfolgen. Nur den **Menschen** suchen sie von einer näheren Gemeinschaft Gottes auszuschließen, von einer unmittelbaren, ihnen unheimlichen und unbehaglichen.

** Siehe letzte Anmerkung. Darum stehen die alten religiösen Philosophen wie Platon unendlich hoch über den meisten modernen und den rationalistischen Theologen: sie glauben an eine **unmittelbare** Gemeinschaft des Menschen mit Gott.

welche sich selbst macht und deswegen das Prinzip aller Tatsachen ist.] * [26]

[Es ist ein sehr beklagenswerter Umstand, dass wir uns fast täglich zu dem Zweifel versucht fühlen, ob Gott allen unseren Bedürfnissen und Wünschen vollkommen genügen könne; es gibt keine andere Sünde auf Erden, denn hüteten wir uns vor dieser, so würden wir vor allen übrigen in Sicherheit sein.] — [27]

[Wenn ich die ganze Zahl der Auserwählten betrachte, von Anbeginn der Welt bis auf meine Zeit, so sehe ich, dass sie alle den nämlichen Schmerz erfahren haben, der darin besteht zu empfinden, dass die Wahrheit ihnen größere Güter zuteilwerden ließ, als sie selbst wiederum außer sich verbreiten könnten. So ist es nun in der Notwendigkeit begründet, dass alle, welche in der Laufbahn sind, sich darauf gefasst machen, die nämliche Bekümmernis zu empfinden; sie müssen darauf verzichten, mit den Menschen ihrer Umgebung im rechten Verhältnis zu stehen; sie müssen sich darauf beschränken, die rechten, wahrhaften und vollkommenen Verhältnisse nur in ihrem Gott zu finden.] — [28]

[Gott ist so gut, dass wir ohne die Bosheit der Menschen nicht erfahren würden, dass es einen Teufel gibt; der Teufel ist so böse, dass ohne das Gute, das noch im Menschen ist, ** wir nicht wissen würden, dass es einen Gott gibt.] — [30]

[Der Mensch ist einer von den Schiedsrichtern Gottes, darum ist er gleichen Alters mit Gott, wiewohl es darum nicht mehrere Götter gibt.] — [31]

---

* Das Prinzip der Kausalität, wenn es durchgeführt wird, hebt notwendig Gott auf, das absolute Prinzip. — der Mensch muss endlich eine Schranke erkennen, über die er nicht weiter hinaus kann. Ein Verkennen dieser Schranke führt zur Irreligiösität. Man sieht es auch in der positiven Religion; nach dem Kausalitätsprinzip ist Christus ein Gewächs seiner Zeit, d.i. **nur ein Mensch, eine Kreatur. Dagegen Joh 1,1.

** Die Theosophen glauben an keine absolute Verdorbenheit des Menschen, obwohl an eine solche, wogegen das Gute als ein unendlich Kleines erscheint. Auf das Vorhandensein dieses letzteren aber gründen sie die Möglichkeit der Wiedergeburt.

Die Schöpfung

Ist Gott, wie nicht zu zweifeln, ein heiliges Wesen, so muss er mit seinen Werken auch einen heiligen Zweck haben; alles was er gewirkt hat, alle Wunder seiner Hände müssen also ein sehr weises und heiliges Endziel haben. Alle Wissenschaften, die uns in Erforschung seiner Werke leiten, müssen daher auch ein heiliges Prinzip haben. Sie sind nicht aus den abgeleiteten Ursachen entsprungen, welche die Unwissenheit ihnen überall andichtet. Endlich, wenn alle Wesen ein heiliges Ziel haben, müssen auch wir in unserem Dasein und all unserem Tun ein heiliges Ziel vor Augen haben. So sehr sind Kenntnisse und Tugenden miteinander verbunden! — [18]

Alles in der Welt ist Gleichnis, sowohl in den Werken der Natur als in den menschlichen Einrichtungen. Darum wird die Wahrheit uns eines Tages so viel vorzuwerfen haben, wenn wir nicht weise genug waren, sie zu erkennen und zu befolgen. —

Es kommt nicht darauf an, die **gemachten** Namen der Dinge in der Natur zu wissen und die Stelle im Ganzen, die wir ihnen zu geben haben, sondern zu wissen, woher sie kommen, wohin sie gehen, und welchen geistigen Eindruck sie auf uns hervorbringen. —

Man weiß in der Welt nicht, welchen Begriff man sich von den **Zahlen** bilden soll. Man braucht aber hierzu nur daran zu denken, was das Prinzip der Dinge sein muss. Es besteht in seinem Gewicht, seiner Zahl und seinem Maß (Weish. Sal. 11, 21), d.h. im Schoße der Weisheit, die es überall begleitet. Wenn dieses Prinzip Wesen schafft, gibt es ihnen einen Ausfluss seiner Wesenheit; aber es gibt ihnen auch einen Ausfluss seiner Weisheit, damit sie sein Abbild seien. Da auf diese Weise alle Wesen einen Strahl der höchsten Weisheit in sich tragen, haben sie auch einen Strahl ihres Gewichts, ihrer Zahl und ihres Maßes in sich. — [412]

Sie wollen immer nur vom **Naturgesetz** hören. Ich auch, aber nicht vom Naturgesetz der Tiere. Denn es gibt auch ein Naturgesetz für den Geist, und allein auf dieses kommt es an. — [402]

Die Materie kann sich keines Geistigen erinnern, weil sie dessen nicht empfänglich ist. Wie weit sind daher jene von der Wahrheit entfernt, welche behaupten, die Materie könne Gedanken erzeugen, da sie solche nicht einmal empfangen kann! – [396]

Die Gelehrten beschreiben die Natur; die Weisen allein legen sie aus. – [403]

Die Natur ist verschleiert für den Menschen, bis er ihr das Auge öffnet. –

Wenn ich fern von einer geliebten Seele lebte und sie, um die Bitterkeit der Trennung zu versüßen, sich malen ließe und mir ihr Bildnis schickte, so würde ich zwar darin eine Art Trost, aber keinen völligen Genuss haben. So hat sich die Wahrheit gegen uns benommen, nachdem wir uns von ihr getrennt haben: sie hat ihr Bild machen lassen, die natürliche Welt, und es uns vor Augen gestellt, um die Bitterkeit ihrer Entbehrung zu mäßigen. Aber was ist die Betrachtung des Abbildes im Vergleich mit seinem Urbilde? – [405]

Die materielle Natur zeigt durch den Wechsel der Jahreszeiten, dass sie nur unterbrochen und abteilig besteht und so sich zusammensetzt, dass die verschiedenen Teilstücke sich periodisch zu nähern und zu vereinigen scheinen, als ob sie jene Unterbrechungen vergessen machten wollte. Diese Natur kann also für den Menschen nur das **Erinnerungsdenkmal** einer früheren, verwandten, aber **vollkommeneren Natur** sein, welche ewig hervorgebracht und hervorbringend, nicht vorübergeht, sondern in immer neuem Glanze erscheint, welche einstmals die Wonne des Menschen war, durchtränkt von der **ewigen Quelle der Bewunderung**. Diese hat der Mensch aber heute nicht mehr vor Augen, obgleich sie durch das große körperliche Gemälde, das sie vor ihn hinstellt, ihn von neuem alle ihre Wunder kennen lehren will, aber ihm auch zeigen, dass diese materielle Natur nur wie ein periodischer Kalender der wahren Natur ist, oder wie ein altes Tagebuch von einer unveränderlichen, beständigen Jahreszeit, welche dem Menschen nie entweichen sollte, obgleich der Mensch unselig genug war, ihr zu entweichen. –

Man sieht in der Tat, dass die drei Reiche der wirklichen Natur ungeachtet ihrer Verderbnis noch immer zum Genuss und

Wohlsein des Menschen bestimmt sind und uns damit andeuten, wozu jene Reiche der anfänglichen Natur, des Urbildes und Urgesetzes der gegenwärtigen, dienen sollten. Sie zeichnen uns Spuren von jener alten Herrschaft, welche gewisslich die Mitgift des Menschen war, gleichwie der Mensch und alle geistigen Wesen die Mitgift Gottes. Sie lehren uns, dass in jener höheren Ordnung die Tiere für den Menschen die Diener seines Willens und die Abbilder seiner Fähigkeiten sein sollten, wie jetzt noch; dass die Pflanzen seiner Erkenntnis dienen sollten, indem sie ihm unzählige Wunder ihrer Blüten und Früchte darboten; und dass die Mineralien seine Werke krönen und seine Herrlichkeit spiegeln sollten. —

Ebendasselbe was die Jahreszeiten der Erde, lehren uns die Gestirne in ihrem Himmelslaufe. Das periodisch wiederkehrende Licht des Tages wie jene unzählbaren Sterne und himmlischen Ordnungen, welche jede Nacht über unseren Horizont heraufführt, sind ebenso viele Wiederholungen der nämlichen Gemälde wie die Jahreszeiten. Und so ist die Gesamtheit des sichtbaren Himmels für uns nur ein Denkmal oder Tagebuch einer vollkommeneren und nicht unterbrochenen Sternenregion, deren Idee unserem Gedächtnis entfiel, seitdem das Gemälde selbst unseren Augen entschwand. —

Zum anderen zeigt uns die materielle Natur überall, bei aller Unregelmäßigkeit, feste Gesetze in den Gestaltungen, Bewegungen und Eigenschaften der Dinge. Auch dieses lässt auf eine vollkommenere Natur schließen, in der alle einzelnen Erscheinungen ohne Abweichungen von der Regel die unverbrüchliche Einheit suchen und befolgen, ihrer schaffenden Quelle sich zu nähern suchen, ja beständig in ihrem Prinzip bleiben, ohne dieses zu verhüllen, wie es jetzt der Fall ist in der Natur. —

Wie könnte man also daran zweifeln, dass diese äußere Welt nur die Ausführung eines erhabenen lebendigen Urplanes sei, der immer in Tätigkeit gesetzt wird, weil seine Ausführung jene Welt selbst ist; und dass die wechselnden Wunder, welche nur mit dieser Welt endigen könnten, nicht stets jenen erhabenen Plan bestehen ließen? Ebenso sehen wir ja, wie unsere gebrechlichen Bauwerke zerstört werden können, da doch deren Pläne uns bleiben und in unserem Schrank aufbewahrt werden, nachdem diese Gebäude selbst nicht mehr vorhanden sind. Wenn der Plan oder das reale Urbild aller Dinge nicht ewig wäre, so würde in einer Art etwas Neues in Gott entstanden sein. Wenn aber die materielle Natur besteht, so kann sie nur erscheinend und nicht wesenhaft sein, weil sie nicht in der Ewigkeit des Urbildes mitbegriffen ist, obgleich sie dessen lebendige Vergegenwärtigung ist. So kann man auch sagen, die Natur sei wie durchscheinend (transparent) und das Leben (des Schaffenden) durchdringe sie allüberall. —

Wie kann man nur einen Blick auf die Natur werfen, ohne auf ihren Urheber geführt zu werden? Nichts besteht als durch ihn, er durchdringt alle Wesen; alles was lebt, verkündet seine Macht und spricht zur Vernunft: Ich lebe nur durch Ihn! — [399]

Wie sehen die Erde, die Gestirne, alle Wunderwerke der Natur in einer göttlichen Ordnung und Pünktlichkeit tätig sein, und doch sind wir selbst größer als alle diese Dinge. Mensch, achte dich selbst; aber zittere, wenn du der Weisheit ermangelst! — [398]

Was ist aus den Tagen des Glanzes und der Freude geworden, wo das Licht und das Leben die ganze Natur durchstrahlten! Sie hätten sich nie für uns verdunkeln sollen. Ist es möglich, dass diese Mischung von Tag und Nacht den Beobachter nicht auf etwas anderes weise?* — [410]

Alle Eindrücke, welche die Natur auf uns macht, sind bestimmt, unsere Seele während der Zeit ihrer Buße zu üben, sie zu den ewigen, jetzt noch verschleiert sich darbietenden Wahrheiten zu erheben, auf dass sie wieder erlange, was sie verloren hat. — [409]

Wenn man den Zustand der Dinge betrachtet, so wird man gewahr, wie der allgemeine Gegenstand des großen Urhebers eine beständige **Wiederherstellung** ist. Die Wissenschaften sind nur da zur Wiederherstellung des blind gewordenen Wissens; die Jahreszeiten zur Wiederherstellung der Kräfte, welche die Natur in den Jahreszeiten verlor; die Arzneikunde zur Wiederherstellung unserer Gesundheit; der Tod selbst ist daher auch eine Wiederherstellung, und wehe dem, der ihn nicht als eine solche ansieht.

---

* Nämlich einzusehen, dass die erste paradiesische Ordnung gestört ist. Die Finsternis ist das Bild, die Folge und die Gebärerin der Sünde. Vgl. dagegen Offb 22,5.

Will man seinen Blick noch weiter richten auf die übernatürliche Ordnung der Wirkungen der Weisheit, so wird man erkennen, dass die Ausstoßung des Menschen nach dem Sündenfall, dass die Sündflut, dass das Ende der Zeiten und der Umsturz der ganzen Natur denselben Charakter der Wiederherstellung getragen haben und tragen werden. Dies könnte beitragen, manchen Schleier zu heben, der noch den Gang der Wahrheit verhüllt. — [So würden z.b. die elementarischen Reiche nicht mehr bestehen, wenn die Natur nach der Sündflut nicht wäre wiederhergestellt worden. Ist aber dieses der Fall, so bestanden auch die aus dieser Wiederherstellung hervorgangenen Wesen nicht in ihrer Gestalt, weil sie außerdem keiner Wiederherstellung bedürftig gewesen. Dies könnte mehrere Schwierigkeiten beseitigen hinsichtlich der Tiere und anderer Dinge, welche in der Arche enthalten waren. [408]

Alles was in diesem Weltganzen besteht, das besteht nur in Kraft göttlicher Segnung. Aller Segen aber geht von dem ewigen Worte aus, und ist nichts anderes als die Mitteilung der Gaben und Kräfte desselben. Ohne den Segen des Wortes, welches allein das Leben und der Ursprung alles geschöpflichen Lebens ist, bleibt alles im Tode oder endet alsobald in Tod und Verwesung. Schöpfung wie Erhaltung also, und besonders die Wiederherstellung der durch eigene Schuld Verderbten, endlich die Vollendung alles Geschaffenen kommt nur durch die Segnung des Wortes zustande, und jene besondere Segnung ist ein Wort der Kraft von demselben. So verschieden aber die Wesen sind nach Art und Eigenschaften, Kräften und Bestimmung, so viele verschiedene Segnungen gibt es.

Der Segnende will daher auch wieder gesegnet sein von seinem Geschöpf. Das heißt: alles Geschaffene soll Sein Lob verkündigen und soll es selber sein. Es ist es, so lange es in dem ihm mitgegebenen, anerschaffenen Lebensgesetz verbleibt, oder wieder in dasselbe eintritt, wenn es sich davon entfernte. Das ist der Endzweck der Schöpfung. Er ist eins mit der Beseligung der Geschöpfe durch dasselbige Wort. —

[Die Erde ist für den Menschen wie ein Teich. Sie nimmt unsere Unreinigkeiten auf, um der ursprünglichen Reinigkeit uns näher zu bringen. Darum ist sie für den Menschen so vorteilhaft, weil sie die erste Stufe seiner Wiedervereinigung ist.] — [407]

[Wenn das Feuer nicht hinabsteigt bis zu den Tiefen der fetten und lichtvollen (lumineuses) Bestandteile, die ununterbrochen vor dem Glanze seiner Herrlichkeit sich niederschlagen, so bleibt es ohne Zwischenmittel und kann nicht das Licht erzeugen. Siehe ein angezündetes Licht, es kann dir alles lehren.* Betrachte die Betauung der Pflanzen, auch sie kann dich lehren, wie das Feuer das Leben offenbaren kann.] — [411]

Die menschliche Natur

Der Geist ist für unsere Seele, was unsere Augen für unseren Körper. Wenn wir nur Geist hätten (ohne Seele zu sein), so würden wir nichts sein, ebenso wie ohne das Leben unseres Leibes die Augen uns unnütz sein würden. — [374]

Man hat oft über den Sitz der Seele gestritten. Man hat ihn bald im Kopfe, bald im Herzen, bald im Nervengeflecht gesucht. Wäre die Seele ein sinnliches und organisches Wesen, so hätte man recht, nach ihren Orte zu suchen, weil sie einen solchen dann einnehmen könnte. Wenn sie aber ein übersinnliches Wesen ist, wie kann sie auf einen Ort in Raum beschränkt werden? Nur ihre Vermögen scheinen einen bestimmten Sitz zu haben, so das Denk- und Urteilsvermögen im Haupte, das Gefühls- und Empfindungsvermögen im Herzen. Aber die (menschliche oder Geist-) Seele an sich ist ihrer Natur nach über Zeit und Raum erhaben, daher sind auch ihre Stellung und ihre Verhältnisse im Raum unberechenbar. — [376]

Es hat mir geschienen, dass das **Weib** besser sei als der **Mann**, aber der Mann wahrhaftiger als das Weib. — [170]

Die Frauen beweisen durch ihre natürliche Beschaffenheit, durch ihre Sanftmut, durch ihre liebevolle und wohltätige Sorgsamkeit, deren sie fähig sind, zur Genüge, dass sie zu einem Werke der Barmherzigkeit bestimmt wurden. So sind sie allerdings weder Priester, noch Diener der Gerechtigkeit, noch Krieger; aber sie

---

* Vor dem Lichte der göttlichen Herrlichkeit ziehen sich die Unlauterkeiten des Menschen in sein Innerstes zurück; dahin muss es ihnen folgen und sie verzehren, um dieses Innerste zu erleuchten.

scheinen nur zu leben, um die Gnade des höchsten Wesens, dessen Gebote der Priester verkünden soll, zu sich herabzuziehen, um die Stenge der über die Schuldigen gefällten Urteile der Gerechtigkeit zu mildern, um die Wunden, welche die Krieger im Kampfe einander schlugen, zu verbinden oder wenigstens ihre zarte Sorgfalt zu beweisen bei den grausamen Operationen und harten Verbänden, die jene Wunden notwendig machten. Der Mann scheint nur der Würgengel der Gottheit zu sein, die Frau ist ihr Friedensengel. Sie beklage darum nicht ihr Los. Sie ist das Sinnbild der schönsten unter den göttliche Eigenschaften. Hienieden müssen diese sich teilen; nur in der Gottheit selbst bilden sie eine vollkommene Einheit und Harmonie, in der alle lebendig wohlklingenden Stimmen sich nur hören lassen, um das melodischste aller Zusammenspiele zu spielen. — [172]

Wir können nicht anders, als das Weib mehr zu schätzen und zu ehren als uns selbst. Denn das verdorbenste Weib ist leichter auf den rechten Weg zurückzuführen als ein Mann, wenn er auch erst einen Schritt im Bösen getan hat. Der Grund des weiblichen Herzens ist vielleicht weniger kraftvoll als das Herz des Mannes, aber es ist auch der großen Verderbnis minder zugänglich. — [173]

[Wäre ein Maß der Liebe in Gott gedenkbar, so würde er das Weib mehr lieben als den Mann. Uns anlangend, so müssen wir wohl das Weib mehr lieben und achten als uns selbst; das verdorbenste Weib ist leichter zurückzuführen als der Mann, auch wenn er nur einen Schritt zum Bösen getan hätte. Der Grund des weiblichen Herzens ist vielleicht weniger fest als das Herz des Mannes, aber er ist weniger fähig, durch das große Verderben zerstört zu werden. Unter den Männern ist auch das Wesen des Verderbens erfunden worden, dagegen unter den Weibern der Weg zur Wiederherstellung. — 173]

Der Mann hat zur besonderen Gabe das Wirken, das Weib das Bitten. Das Gebet zieht die Barmherzigkeit hernieder, das Wirken das Feuer (der Straf-Gerechtigkeit). Die Barmherzigkeit geht durch alles, und ohne sie würde das Feuer nur vernichtend sein. [würde das Feuer nur blitzen und vernichten — 179]

Die Gedanken des Mannes geben denen des Weibes Tiefe und Erhabenheit; die Gedanken des Weibes Innigkeit denen des Mannes. — [176]

Der Mann ist der Geist der Frau, die Frau ist die Seele des Mannes, beide werden wiedervereint in dem gemeinsamen Herrn. In Ihm verbindet sich die Frau mit dem reinen Geiste, in Ihm findet der Mann die reine Seele. Das ist die wahre **Ehe**. — [168]

Die Ehe ist eine so heilige Sache, dass nur Gott und seine Diener das Band derselben schließen dürfen. Wo diese Diener nur beiwohnende Zeugen sind, ist es nur die Figur der Ehe oder die bloße Erklärung der Verheiratung und dieselbe nur ein Zivilakt, wobei der Geistliche die Stelle des Notars vertritt. Im alten Gesetz waren es nicht die Menschen, die sich verheirateten, sondern man verheiratete sie; und so sollte es immer sein. —

[Einer von den Gründen, die vom ehelichen Leben mich zurückgehalten haben, ist das Bewusstsein, dass der ledige Mann nur das Problem der eigenen Person, der verheiratete aber ein zweifaches zu lösen hat.] — [169]

[Das eheliche Glück beruht darauf, dass die Frau den Vorrang des Mannes zu fühlen weiß und der Mann dagegen die herrschende Kraft besitzt.] — [174]

[„Die Zwei werden Ein Fleisch sein!" Was für die niedere Ordnung gesagt ist, das ist ein großes Anzeichen, dass auch in der höheren Ordnung dasselbe gelten werde und kann uns folglich die Augen öffnen über unsere ursprüngliche Bestimmung.]* — [175]

[Das Weib ist einer geringeres Gefahr ausgesetzt in der großen Prüfung; entweder es versteht sie nicht oder es mäßigt den Stoß durch sein großes Maß von Liebe und Gefühl; der Mann, von einer anderen Beschaffenheit, gerät in Gefahr, sich zu verbrennen.] — [178]

---

* Nach der theosophischen Lehre ist die Trennung der Geschlechter mit dem Falle des Menschen verbunden gewesen, und der Urmensch hat in sich beide Geschlechter vereinigt gehabt. — Dass der Unterschied der Geschlechter etwas Irdisches und vorübergehendes ist, sagt der Herr, Lk 20,34-36, wobei wohl die Erinnerung an Goethes Wort keine störende sein kann:
„und jene **himmlischen** Gestalten,
sie fragen nicht nach Weib und Mann!" —

[Seufzet nicht darüber, dass man die Unauflöslichkeit des ehelichen Bundes behauptet; weinet aber darüber, dass ihr es nicht erkennt.] * — [180]

[Es ist eine sehr missliche Sache mit den meisten Frauen, wenn man sie über die großen Wahrheiten belehren will. Letztere nämlich teilen nur in der Stille sich mit, dagegen die Frauen immer beides verlangen: wir sollen reden und sie wollen auch reden, und alsdann geht aller Zusammenhang verloren, wie ich das öfters erfahren habe.] — [181]

Eltern! Das Schicksal eurer Kinder ist in euren Händen, sowohl das leibliche als das geistige! Denn euer Wort ist geheiligt, und wenn ihr es bewahrt in seiner Festigkeit und Bestimmtheit, so könnt ihr mit einem Worte die Gebrechen und Laster dessen ferne treiben, der euer Bild ist. — [138]

Manche wenig erleuchtete Eltern fürchten ihren Kindern zu schaden, wenn sie deren Erziehung mit dem Katechismus beginnen. Aber sie gehen von ihrem eigenen, nicht vom Standpunkte ihrer Kinder aus. Der Katechismus kann nichts erklären, aber er enthält alles. Die Dunkelheiten und der etwaige Mangel an Zusammenhang darin stören das Kind nicht, das noch nicht in dem Alter ist, es zu bemerken. Das Gute aber, dem sie dort begegnen, pflanzt in sie die Keime des Guten, der Liebe, der Ordnung, überhaupt alle Eigenschaften, zu denen die Seele des Menschen ursprünglich bestimmt war. Die Arbeit der Erkenntnis folgt nachher und erst, wenn der Verstand so weit gereift ist, um die Dunkelheiten und Mängel im Zusammenhange zu erkennen und fähig ist, ihnen abzuhelfen, machen sich alle diese Dinge bemerkbar. — [152]

Die Weltmenschen und die Unwissenden finden es sonderbar, dass man die großen Wahrheiten ihnen nicht an den Kopf wirft und meinen, das Gute solle sich nicht verbergen. Aber sie berücksichtigen nicht, dass es wie im Leiblichen so auch im Geistigen Kinder gibt und dass man zu Kindern nicht wie zu Erwachsenen zu reden pflegt. — [331]

---

* Weil eben deswegen euch jene Unauflöslichkeit bekümmert.

[Lege von dir ab alle Laster; übe gegen deinen Nächsten alle Tugenden; fordere von Gott alle Hilfe, so wirst du die Bestimmung des Menschen erfüllen.]— [76]

[Es gibt, meiner Überzeugung nach, für den Menschen nichts Unerlässliches als dasjenige, was er tun kann und soll ohne irgendeine Hilfe der Menschen oder der Umstände. Darum ist die Wahrheit die einfachste aller Wissenschaften.] — [95]

[Der Mensch der wahren Sehnsucht ist schon für den Herrn in Beschlag genommen.]* — [96]

[Um einen gewissen Sieg zu erringen, ist es notwendig, zum wenigsten seine Feinde zu kennen und die Waffen, deren man sich zu ihrer Bekämpfung bedienen muss. Die ganze verbrecherische Natur ist gegen den Menschen nach seinem Falle empört; er hat in sich selbst die zureichende Kraft, sie zu unterwerfen; sein Bestreben gehe demnach darauf, die ganze Natur und sich selbst zu erkennen.] — [99]

[Die Seele soll mit dem Körper sympathisieren, um die Ordnung während ihrer Durchreise aufrecht zu erhalten, nicht aber mit der Materie, welche das Laster und der Missbrauch des Körperlichen ist. Die Gebote machen das Körperliche geneigt, die heilsamen Eindrücke der Seele und des Geistes zu empfangen; aber sie bekämpfen das Materielle, anstatt es zu begünstigen.] — [375]

[Das Gesetz des Geistes und des Feuers ist aufzusteigen, das Gesetz der Materie und der Körper ist niederzusteigen. Darum streben von dem Augenblick ihres Entstehens an die körperlichen Wesen und die, welche einen **materiellen** Leib angenommen haben, zu ihrem Ende und zu ihrer Reintegration, jedes in seiner Art.] — [377]

[Was ist der Mensch, solange er nicht den Schlüssel zu seinem Gefängnis hat?] —]278]

[Die Körper sind Wesen des Lebens; wären sie lebendige Wesen, so würden sie weder essen noch sterben.] — [379]

[Ich bin überzeugt, dass im Grunde alle Menschen auf Erden wie ich gesinnt sind, ohne diejenigen davon auszunehmen, die dem

---

* Vgl. Mt 5,6, wo diese Sehnsucht (Hunger und Durst nach der Gerechtigkeit) selig gesprochen wird.

Anscheine nach am weitesten von mir abstehen. Wir sind alle, wie ein nämliches Salz, das in verschiedene Wasser aufgelöst ist, in verschiedene, sowohl der Menge als dem Wesen nach. Es bedüfte daher nur, dass man in den Menschen diese verschiedenen Wasser, nämlich ihre Vorurteile, ihre Unwissenheit, ihre Leidenschaften usw. verdunsten ließe, um endlich in ihnen allen das nämliche Salz zu finden, gerade so wie in den natürlichen Abdünstungen die Salze, welche wir täglich in verschiedenen Flüssigkeiten auflösen.] —

[380]
[Es gibt einige, welche ihren Phosphor schon hienieden entwickeln, und diese haben einen großen Vorteil für die Zukunft voraus. Andere lassen ihn verdunsten, und ihr Los wird das entgegengesetzte sein. Endlich sind einige, welche ihn bei sich verborgen halten, entweder aus Unwissenheit oder aus einer Ursache, die höher ist als sie. Aber wenn sie, indem sie ihn verborgen hielten, ihn erhalten haben, so wird dieser Phosphor sich von selbst entwickeln, wenn er im Tode der Berührung mit der Luft ausgesetzt werden wird; er wird sich entzünden und in den schönsten Farben leuchten, wie es an unseren künstlichen und materiellen Phosphoren geschieht, wenn wir sie der elementarischen Luft aussetzen.] — [381]
[Unablässig fließen aus der Seele des Menschen Ströme des lebendigen Wassers, zum Ersatze für diejenigen, die er verderben ließ. Darum, wenn er die Wachsamkeit verabsäumte und einige von jenen Strömen aus seiner Schuld vom Gifte durchdrungen sind, soll er den Mut nicht verlieren, sondern auf seiner Hut sein, die bösen Angewohnheiten von sich zu tun und beten; nicht lange, so wird das Gebet auf eine heilsame Weise die lebendigen Quellen bewegen, und neuen und reine Ströme werden fließen, welche mit dem Leben in Verbindung stehen, und mit dessen Seligkeiten ihn erfreuen.] —

[386]
[Der Mensch hat Voranzeigen von allem, nur dass er nicht darauf achtet. In der Tat ist alles in unserer Atmosphäre; das Geheimnis besteht darin, dass man in ihr lesen könne.] — [387]
[Nichts kann den Geist so erleuchten als die Tränen des Herzens, und er wartet unablässig darauf, sich zu offenbaren. Es ist hier eine Beziehung auf den Ursprung des Wassers und des Lichts, welches nicht aufgehen kann, solange die Gerinnung dauert und

sich das Zusammenziehende nicht in eine sanfte Flüssigkeit auflöst, wie man es in den Wolken abgebildet sieht. Darum steht geschrieben: Selig seid ihr, die ihr hier weinet! (Luk. 6, 21.)] — [389]

[**Jesus Christus** sagte zu seinen Aposteln, Joh. 14, 12, dass sie dieselben Werke tun könnten als er, und selbst noch größere. Das heißt aber nicht, dass die sämtlichen Gaben nur einem unter ihnen angehören sollten, weil nach dem apostolischen Worte, 1Kor 12, der Geist seine Gaben unter verschiedene Jünger verteilt. Ein jeder aber kann, nachdem Christus in die Welt gekommen ist, wieter gehen als er.]* — [391]

[Die Lehrer der Wahrheit und Religion haben zu wenig die beiden Substanzen unterschieden, woraus wir zusammengesetzt sind. Sie haben die Materie zu sehr mit dem Geiste vermengt, oder sie haben vielmehr nur ein Ding aus den beiden gemacht, indem sie die Materie vergeistigten (spiritualisierten). Die Philosophen, welche diese Lehre empörte, sind in das andere Extrem verfallen; die Gerechtigkeit ihres Urteils hatte sich an diese empörenden Verirrungen gestoßen, und doch nicht an eine andere, noch empörende Lehre, wodurch sie den Geist verfleischlichten (materialisierten).] — [392]

[Das leibliche Leben des Menschen kann mit dem Leben des Seidenwurms verglichen werden. In der Kindheit liegen beide, jeder in seiner Gebärmutter, erstarrt; beide entwickeln mit der Geburt ihre Kraft; beide in ihrem gereiften Alter bringen die Frucht ihres Wesens hervor, der eine die Seide, der andere den Gedanken; beide vergraben sich nach ihrem flüchtigen Lauf, und beide erstehen glänzend und leicht und erheben sich in die Regionen der Lüfte, um darin ein jeder die ihm eigentümliche Bestimmung zu erfüllen.] — [393]

---

* Der Herausgeber wagt es nicht, über dieses Wort St. Martins sich weiter zu verbreiten, muss aber doch bekennen, dass es mit Joh 14,12 in keinem unbedingten Widerspruch steht.

Der gefallene Mensch

Wie oft haben die Vernunfthelden mich betrübt, wenn sie in ihrer Blindheit und Anmaßung sagten: Der Mensch wird ohne Freude geboren, lebt in der Unruhe, stirbt im Schmerze. Wozu war es nütze, ihn zu schaffen, um solcherweise nur ein Bild der Finsternis und der Leiden zu sein? Ich erwidere ihnen darauf: Warum tut ihr diese Frage, wenn ihr glaubt, man könne sie nicht beantworten? Und wozu habt ihr auch nötig, sie zu tun, wenn ihr doch in eurem natürlichen Stande seid und wenn es außer diesem, worin ihr seid, keinen anderen für euch gibt? Gibt es aber einen anderen, warum sucht ihr ihn nicht zu erkennen, bevor ihr euch beklagt? Vielleicht dass ihr dann nicht mehr beklagen würdet, wie ihr jetzt tut. – [494]

Der Stand des Menschen hienieden ist ein Zustand des Beraubtseins; er fühlt dieses durch die Schmerzen, die er empfindet und durch das Verlangen, ihrer los zu werden. Indes muss man nicht wähnen, dass er auf diese Welt gekommen sei, bloß um zu leiden: er soll das Licht in die Finsternis hineintragen, soll den Feind der Wahrheit befehden und ihm zeigen, dass sie über die Lüge siegen soll. Vor dem Fall des Menschen würde dieses Werk ohne Pein und Mühe getan worden sein. Auch heute muss es noch geschehen; es ist aber unendlich schwerer, weil der Mensch seinem Feinde über sich Macht gegeben hat. ... Welcher Entblößung der Mensch aber auch anheimgefallen ist, er hat von seiner Natur nichts verloren. Immer noch trägt er in sich die geheiligten Gesetze und Merkmale, die er bei seiner Schöpfung empfing; nur das Vermögen, ihre Kräfte in Tätigkeiten zu setzen ist gebunden und kann sich nur stufenweise erheben. Der Gedanke kommt nicht von ihm selbst; aber wenn er ihm mitgeteilt wird, ist er fähig, ihn zu fassen. Es muss also in ihm der Keim oder das Prinzip aller Gedanken sein und alles, was auf ihn einwirkt, nur eine Entfaltung dieses Keimes veranlassen. Oder vielmehr, die menschliche Seele ist ein Gefäß, an welches alles anklopft, und sie hat nur die Fähigkeit anzunehmen oder zu verwerfen. Nur glaube man nicht, dass diese Fähigkeit, zwischen dem Guten und Bösen zu unterscheiden, niederer Art sei als das

Denken. Die Seele selbst steht sicher über dem Denken, weil sie die Macht hat, darüber zu urteilen. — Einer der lebhaftesten Schmerzen meiner Seele ist zu sehen, wie groß die Sünde ist, welche die Welt verschlingt. Denn diese Sünde ist nichts anderes, als dass man sich allüberall der Unruhe, dem Misstrauen und allen Aufregungen der Begier und Ungeduld überlässt, welche die Menschen dahinreißen, während sie die überströmende Quelle so nah bei sich haben, die ihnen alles geben könnte! Sie sind in Gott, leben durch und von Gott, und dennoch leben sie, als wäre Gott abwesend, oder vielmehr, als wäre er gar nicht. — [300]

Die verkehrten Begierden, deren Beute das menschliche Geschlecht ist, verhindern es, sich zur Region des Lebens und der Freiheit zu erheben. Die Menschen sind fast alle wie die Insekten, welche man in Harz oder Bernstein eingeschlossen findet. Es ist unmöglich („bei Menschen"), dass sie sich bewegen oder dass man sie aus ihrem Gefängnis ziehe. —

Die Schwachheiten halten auf, die Begierden führen irre, die Laster zerstören. — [55]

Wir sollten hienieden nur von Opfern leben, und wir leben oder möchten wenigstens leben von lauter Ergötzungen; wir sollten uns erleichtern und entleeren, und wir streben nur, uns zu beschweren durch die doppelte Hülle der Befleckung und der Täuschung. Wir sollten hier eine heilsame Prüfung bestehen, und wir verschieben sie auf eine andere Region, wo wir daher zwei zugleich zu bestehen haben, ohne zu wissen, ob wir sie zu ertragen die Kraft haben werden. Wir werden geboren, entblößt von allem, und die Güter und Wohltaten, die darauf uns zuteilwerden, sind ein freies Geschenk, das man mit gutem Recht von uns zurückfordern kann. Und doch murren wir, wenn das geschieht, statt Gott zu danken, dass er uns befähigte, ihm das zum Opfer zu bringen, was er uns gab, und was nicht unser eigen war. — [57]

Es ist nicht schwer zu erkennen, dass bei den Genüssen unseres sinnlichen Menschen nicht eigentlich wir uns glücklich fühlen, sondern unsere Tierheit. — [58]

Wenn man sich ganz dem schmerzlichen Gefühl überließe, welches der Anblick des Zustandes der Menschheit und der ungeheuren Größe des Übels in uns erregt, sollte es mich nicht wundern, wenn man wie David fände, dass das Brot, das man isst, wie Asche ist. — [60]

Wir wundern uns, dass uns die Erfahrung anderer nichts hilft; aber unsere eigene hilft uns nichts, weil unsere Fehler uns nicht besser machen. — [64]

Das Unrecht des Menschen ist der Wahn, dass er hienieden für eigene Rechnung lebt, anstatt dass er auf Gottes Rechnung leben sollte. — [65]

Durch welche traurigen Täuschungen lässt sich der unglückliche Mensch auf Erden verführen! Die Wahrheit drängt sich an ihn, er flieht sie, man bringt sie ihm, er stößt sie zurück, um sich in das dunkle Nichts seiner elenden und toten Gedanken zu vergraben. Er fürchtet, sagt er, den Irrtum, aber er fürchtet noch mehr das Licht, das seine eigene Finsternis erleuchten würde, und dessen Anblick ihm unerträglich sein würde. Allerdings würde dieses Licht ihn auch über strenge Pflichten aufklären, über eine fortwährende Wachsamkeit auf sich selbst und über schmerzliche Opfer. Statt zu den Strömen des Lebens, die in seinem Herzen fließen würden, wenn er glücklich und weise genug wäre, um die Liebe als seinen Beweger walten zu lassen, wendet er sich zu den dürren Breiten der Wissenschaft und des Wortstreits. Diese Beschäftigung zieht die wenige in seinem Herzen noch verbliebene Wärme in seinen Kopf, und indem er sie also in den oberen Teil des Gefäßes aufsteigen lässt, zögert er nicht, sie ganz verdunsten zu lassen. — [66]

Wenn wir so glücklich sind, nur für einen Augenblick uns zu verchristlichen (christianiser), sehen wir sogleich ein mehr oder weniger ausgedehntes Gemälde unseres Lebens sich vor uns ausbreiten, je nachdem wir mehr oder weniger von jenem Quell des Lichtes erleuchtet sind. Wir erkennen ohne Hülle unsere Gebrechen, unser Unrecht und die Vorwürfe, die wir uns zu machen haben, während wir vorhin uns für heilig und untadelhaft hielten, weil wir unsere Übel nicht sahen. Wie sollten wir nun zweifeln, dass wenn jene Fackel in ihrer ganzen Klarheit leuchten wird und am Ende der Zeiten alle Seelen, entblößt von ihren täuschenden Hüllen, dem Herde alles Lichtes ausgesetzt sein werden, dann das Gemälde seines Lebens für den Menschen nicht eine erschreckende Quelle der Pein und der Bitterkeit sein werde? Glücklich der, welcher durch diese Erinnerung gewarnt, gutwillig sich hütet und bewahrt. — [69]

Die Tugend ist den Lasterhaften ein Ärgernis, gleichwie das Laster den Tugendhaften. Letztere aber empfinden nur den Anstoß zur Betrübnis und zur Liebe, erstere der (widerwilligen) Demütigung und des Stolzes. — [70]

Das Schwerste ist für uns nicht, uns selbst zu erkennen, sondern uns zu bessern. Es fehlt uns viel weniger an Einsicht als an Mut. — [79]

Es erfordert schon eine große Arbeit, uns so zu erkennen, wie wir **sind**; es gilt aber darauf auch, uns so zu erkennen, wie wir **werden möchten**. Beide Erkenntnisse, enge verbunden, sollten uns immer beschäftigen. Eine Kunst kommt hinzu, ohne Zweifel die schwerste von allen: ohne Aufhören dahin zu arbeiten, dass wir in der Tat werden, was wir sein möchten. — [86]

Wenn wir in unsere Tiefen hinabsteigen, so finden wir mächtige Hebel und Keime, die uns in die lebendigen Regionen aller Arten und Grade erheben. Halten wir uns dagegen in den Regionen der Oberfläche auf, so finden wir nur schwache, unkräftige Keime, die nur dem Erdboden entlang wachsen und uns mit sich in den Tod fallen lassen. — [390]

Damit der Mensch sein Haupt zum Himmel erhebe, findet er auf Erden nichts, worauf er es stützen könnte. — [121]

Mensch, lerne doch deine erhabene Bestimmung erkennen! Du hast die Ehre, erwählt worden zu sein zum Wohnsitz, zum Heiligtum und Diener der Segnungen unseres Gottes, und dein Herz kann von diesen kostbaren Gütern sich nähren, während es sie zugleich an seinesgleichen ausschütten kann. — [384]

Was gibt es Schöneres und Größeres in der Welt als einen Menschen, der sich vor Gott demütigt und ihm auf würdige Weise das innere und lebendige Opfer bringt, das ihm gebührt! Warum ist der Mensch so unglücklich, dass er nicht ausschließlich diesem seligen Geschäft sich weiht? — [87]

Jene Unruhe und Sorge, welche die Menschen so sehr beschäftigen, sich für den folgenden Tag und die fernere Zukunft nicht nur Unterhalt, sondern Wohlleben und sichere Genüsse zu verschaffen, alle diese Sorgen bezeugen in den Menschen ein Gefühl der Ewigkeit und ein Vorgefühl der Unsterblichkeit. Ihr ganzer Irrtum kommt daher, dass sie von diesen Grundtatsachen eine falsche Anwendung machen. Diejenigen, welche diese Idee des Lebens auf ihr geistliches Wesen übertragen haben, machen dieselbe Berechnung in dieser anderen Ordnung der Dinge. Sie sind gleicherweise unruhig und besorgt, dass sie nie genug Tugenden, Gaben, Erkenntnisse haben möchten für den folgenden Tag, und noch weniger für die weiteren Tage. — [216]

[Außer seinen Verbrechen, Befleckungen oder doch Unterlassungen, was bietet der Mensch auf Erden dar? Welche Undankbarkeit gibt sich zu erkennen durch die Art, womit er Gottes Wohltaten vergilt! Welch ein fortgehender Selbstmord ist seine Handlungsweise! O Mensch, möchte die oberste Hand diesem Pfuhl und Abgrunde dich entreißen! Anstatt deinem Nächsten das Licht und das Leben zu geben, vermagst du dich selbst nicht vor den Finsternissen und vor dem Tode zu schützen.] — [56]

[Wie möchten wir zweifeln, dass der Hochmut die Quelle aller Verirrungen des Menschen ist, wenn wir sehen, wie dieser lasterhafte Hang noch auf seine Beerdigungen übergeht, auf die pomphaften Titel, womit er seine faule und verpestete Hülle zu begleiten pflegt! Ist es doch ein allgemeines Gesetz, dass die Dinge in ihren Ursprung zurückgehen und endigen, wie sie angefangen haben.] — [59]

[In einer gefährlichen Lage meines Lebens sagte ich mir selber mit fester Überzeugung: die rechte Art, unsere Verirrungen auszusöhnen besteht darin, sie wiedergutzumachen und wegen denjenigen, die unvergütlich sind, nicht mutlos zu werden.] — [61]

[Sind wir weise, so dienen wir den Leuten des Stromes zum Spott; sind wir Toren, so machen wir den Teufel über uns lachen. Welchen Außenenden sind wir doch hienieden ausgesetzt!] — [63]

[Unter den geistigen Schmerzen, die ich so häufig erfahren habe und die mein Los in dieser Welt zu sein scheinen, ist auch dieser, der mich beinahe täglich quält, dass die Menschen nach einer klaren Erkenntnis der Dinge so wenig begierig sind. Daher haben sie entweder keine höhere Sehnsucht als das Tier, oder, wenn sie wirklich schon einige Ahndung von den höheren Wahrheiten haben, so müssen sie doch sehr irrig davon urteilen und wähnen, dass sie stehenbleiben können, wohin sie gekommen sind, anstatt dass sie jeden Augenblick benutzen sollten, weiter vorwärtszukommen und aus sich selbst immer neue Wahrheiten zu erzeugen.] — [68]

[Schließe dich ein in den Kreis deiner geistigen Atmosphäre und bitte ununterbrochen, dass man dir zurückgebe, was dir fehlt, denn eine Sünde ist nur ein Defizit, ein Defekt!] — [72]

[Das Übel ist nur eine Beraubung des Guten, beides im Physischen und im Moralischen.] — [73]

[Als ich sah, wie die Armen und die Ehrgeizigen Hilfsleistungen und Gnadenerweisungen von anderen Menschen begehrten, sagte ich zu mir selbst: die Menschen müssen ehemals ihre Gebete an andere Wesen als an Gott gerichtet haben, und was sie jetzt tun, verhält sich dazu als die Folge und die Strafe.] — [74]

Die erlösende Liebe

Der Gebrauch der **Opfer** stammt daher, dass Gott den Menschen noch die Mittel ließ, sich ihm zu nahen. Denn indem sie das Leben fehlloser und reiner Geschöpfe darbrachten und sich selbst mit dieser (symbolischen) Reinheit vereinigten, konnte die göttliche Kraft durch dieses Mittel sich auf den Opfernden niederlassen. Daraus mögen wir annehmen, welche Hilfe die Menschen erwarten dürften, wenn sie (durch hingebenden Glauben) sich mit dem wahren Opfer (J. Chr.) vereinigen; aber auch wie verwerflich die bloß menschlichen Opfer sind, weil der Mensch als entartetes Wesen nicht mehr seine vollkommene Beziehung zu seiner Quelle zum Opfer bringt und daher ein unnützes Opfer wird, so lange sein höheres Vermögen nicht an jener Reinheit teilhat, die seiner Natur gebührt. —

[Wie öfters behauptet worden ist, soll das Blut, äußerlich angewendet, alle verdorbenen Säfte nach außen ziehen, wogegen es, innerlich angewendet, deren Verdorbenheit vermehrt. Dadurch kann es uns deutlich werden, warum nach der großen Erkrankung des Menschengeschlechts die Vergießung des Blutes notwendig wurde, insonderheit des Blutes des Erlösers — nicht minder auch, warum seine Worte Geist und Leben sind, wenn er spricht: mein Fleisch ist die rechte Speise und mein Blut der rechte Trank! Joh. 6, 35.] — [39]

Welche Erhabenheit und welche Güte in dem allgemeinen und ewigen Vater der Wesen! Zur Strafe ihrer Verirrungen und zur Erlangung ihrer Versöhnung legte er ihnen nichts auf als den Gebrauch der mildesten und geeignetsten Mittel, ihnen das Leben zu verschaffen. Wie unrein sie auch sein mögen, sie haben nur zu **sprechen**, und sie werden geheilt werden. — Eben hier findet man die Spur der Bestimmung des Menschen. Er war nur durch die Barmherzigkeit (über alle Geschöpfe) erhoben worden und um seinerseits die Barmherzigkeit (allen Geschöpfen) zu offenbaren. Er ist der Gegenstand der Gnade geworden, nachdem er aufgehört, ihr Werkzeug zu sein.[*] — [37]

O wie gut und dienstfertig ist unser treuer Freund! Wir waren in den Abgrund gestürzt, und er eilte und stürzte sich nach, um uns zu retten! — [34]

Der Heilige hat alles verlassen, was im Himmel war, um uns das Leben wiederzugeben, und wir wollen nicht alles verlassen, was auf Erden ist, um das Leben wiederzuerlangen, das Er uns bringt? — [38]

Die höchste Liebe oder das Göttliche Herz hat sich in Wahrheit als eine **Mutter** dem Menschen gezeigt. Sie ist sowohl das Organ als der ewige Zeugungsgrund alles dessen, was in Gott als unserem Prinzip vorhanden ist; es ist die göttliche Quelle in unserem Wesen. Indem die Christen es als das **Wort** nennen, haben sie nur den zweiten seiner Namen, und zwar den für das Verständnis schwierigsten vorangestellt. Der erste ihm gebührende Name ist **Liebe**, als unaussprechliche Mutterliebe gegen den Menschen, welche man annähernd dadurch begreiflich machen könnte, dass man die Liebe aller einzelnen Glieder einer menschlichen Familie zusammennähme. Denn nur der Ausblick auf diese so vereinigte Liebe konnte jene höchste Liebe veranlassen, sich selbst ganz hinzugeben, woraus

---

[*] Nach der theosophischen Lehre von der ursprünglichen Bestimmung des Menschen, der Mittler zwischen Gott und einer von ihm abgefallenen Geisterwelt zu sein.

wir zugleich die Notwendigkeit uns fühlbar machen, einander zu lieben, wenn wir jene Liebe verstehen wollen. Der Namen **Wort** ist nur der Ausdruck der verschiedenen Bewegungen, welche diese Liebe ewig in der göttlichen Wesenheit durchgemacht hat und welche sie fortgesetzt in der Zeit und für den Menschen durchmacht: als eine Eröffnung oder Offenbarung des Inwendigen, gleichwie das Wort unserer Sprache die Offenbarung verschiedener Bewegungen unserer Seele ist.

Die höchste Liebe ist also wie jene beständige Regung, die das Leben unserer Seele ausmacht und in der wir ununterbrochen unzählige Wünsche und diesen Wünschen entsprechende Worte quellen fühlen. Sie ist wie die unermessliche Himmelsbläue, in der jene unzählbare Menge glänzender Sterne schweben und sich erheben: alle sie ebenso viele leuchtende Zweige, die aus diesem fruchtbaren Boden zu sprießen scheinen. Endlich, sie ist wie unsere Erde selbst, auf der wir jene Unendlichkeit von Pflanzen und Blumen entstehen sehen, die alle ihr Leben, ihre Schönheit und ihren Unterhalt aus dieser allgemeinsamen Mutter ziehen.

Ja diese Liebe, welche dem Menschen zur Rettung herbeiflog, ist unbestreitbar eine wahre Mutter. Der Name Wort malt sie uns weniger in ihrer Wesenheit als in ihren verschiedenen Wirkungsweisen; der Name Liebe, den unsere eigene Wesenheit tragen muss, bezeichnet unsere Verbindung mit unserem Urquell. Indem wir sie als Wort betrachten, müssen wir zittern vor Ehrfurcht und Bewunderung vor ihr, als die alle Wesen erzeugt und erhält durch ihre Macht; aber bei dem Namen Liebe zittern wir vor Wonne und Rührung, indem wir fühlen, dass sie nicht zurückschreckte in ihrem unerschöpflichen und gnadenreichen Verlangen, sich ganz und völlig in unser erkranktes und zerbrochenes Wesen einzugehen, damit wir durch diese unaussprechliche Hingebung dahin erhöht und verherrlicht würden, dass wir uns als verähnlicht und gleichgestaltet mit dem Leben selbst betrachten können.

So ist das Wort des Evangeliums kein unverständliches mehr: **„Das Wort ward Fleisch!"**

Wenn der erste Mensch in die Welt trat ohne Weib, so war es natürlich, dass nach seinem Fall, wo er seine Liebe teilte, der „andere Mensch" zur Welt kam ohne Mann. Denn dieser kam, um jenem seine Liebe wiederzugeben, die er hatte ins Irre gehen lassen. — Die so genau prüfenden Menschen würden jene Wahrheit, dass die Göttliche Liebe Mensch ward, nie haben bezweifeln können, wenn sie ihr eigenes Wesen recht erkannt hätten. Sie würden nicht haben zweifeln können, dass das ewige Wort des Lebens sich zu ihrem Bruder gemacht habe, dass es in ihnen wirkte, lebte und sei, weil sie es täglich an ihrem eigenen Wort im Abbilde sehen. Allein dasselbe Wort sollte auch allgemein aus ihren Werken, Erkenntnissen und Tugenden herausscheinen. Denn das Reich Gottes ist eine beständige und vollständige Kraftwirkung: Gott ist nicht ein Gott der Toten, sondern der Lebendigen. — [354]

Buße und Wiedergeburt

Unter allen Wegen des Geistes, die sich mir darboten, habe ich keinen gefunden, der lieblicher, sicherer, reicher, fruchtbarer und dauerhafter wäre, als der Weg der **Buße** und der **Demut**. — [93]

Welches ist das wichtigste Werk des Menschen? — Es ist das, an seiner **Wiederversöhnung** (Wiedergeburt) zu arbeiten, ohne welche ihm unmöglich ist, je etwas zu erlangen noch sagen zu können, dass er etwas besitze. Er braucht nur über die Natur des Menschen und seinem gegenwärtigen Stande nachzudenken: nichts ist klarer, als dass er an allen seinen Fähigkeiten Abbruch erlitten hat und durch sich selbst in einen Stand schrecklicher Beraubung versetzt ist, so dass nichts schlimmer ist als seine Lage. Wenn dieses ihm zuwiderläuft, so folgt daraus mit Wahrscheinlichkeit, dass er nicht aus eigener Wahl dazu verurteilt ist, dass er also auch von selber die Ketten niemals wird zerbrechen können, die er sich selbst geschmiedet (und doch verdient) hat. Es wäre also unnütz, wenn er auf seine eigenen Kräfte rechnete, um das Elend zu mildern, das ihn umfähet, bis ihm die Freiheit wiedergegeben und der Widerstand zerbrochen ist.

Aber es genügt nicht zu wissen, dass durch die Versöhnung der Mensch seine Erstlingsrechte wiedererlangt; man muss auch, und ganz insonderheit, nach den Mitteln suchen, um zu dieser Versöhnung zu gelangen. Der erste und heilsamste Schritt auf diesem Wege ist, sein Elend zu fühlen und sich so in der Demut zu fassen, dass unser Stand die Gnade Dessen auf uns herabzieht, der uns die Knechtschaft auferlegte. Diese aufrichtige Demut erzeugt ein unablässiges Verlangen; das Verlangen weckt alle Sorgen und Anstrengungen zu diesem Ziel, die wir selbst als notwendige fühlen und die wir von niemandem lernen können. Wenn diese Gnade offenen Zugang bei uns findet, vermehrt sie sich bald, bis sie mit uns Ein Wesen und wir so werden, als seien wir ihre natürlichen Werkzeuge. —

Wir atmen von dieser reinen und erneuenden Luft nur eben soviel ein, als wir von der verdorbenen [mephitischen] ausatmen; und mit letzterem müssen wir beginnen. — [77]

Eine einzige Träne (rechter Art, Bußträne!) fördert uns hienieden mehr als die Fortsetzung und der Besitz aller Wissenschaften und Geheimnisse. — [78]

Es gibt kein Glück für den Menschen, als wenn die Flamme des lebendigen Schmerzes sich in ihm entzündet; dann erst beginnt seine geistliche Geburt. Alsdann wird er nach der Weise der Propheten vom Morgen bis zum Abend schreien und wehklagen über sein Elend und über das des menschlichen Geschlechts. Er wird sich hinlegen unter Seufzern, die Nacht verbringen unter Tränen. Noch weinend steht er auf, und den Tag über trägt er die Kümmernis in seinem Herzen. Das ist die harte Prüfung, auf die der Mensch der Wahrheit sich gefasst machen muss. So lange er soweit noch nicht ist, darf er sich noch nicht als (neu-)**geboren** ansehen. — [80]

Nichts macht den Geist so licht als die Tränen des Herzens; auf diese wartet er unablässig, um sich zu offenbaren. Dies weist hin auf den allgemeinen Ursprung des Wassers und des Lichtes, welches letztere nicht aufgehen kann, so lange die feste Rinde bleibt und das Zusammenziehende sich nicht im milden Fluss auflöst, wie man es im Bilde der Wolke sieht. Auch darum steht geschrieben: Selig sind die Leidtragenden! [Mt 5,4.] —

Entkleide dich aller fremden Hüllen! Bringe als Opfer deinem Gott eine nackte, einfältige und (durch das Blut des Lammes) reine Seele, so wie du sie von seinen Händen empfingst. — [104]

Öfters wenden sich, dank der großen Barmherzigkeit Gottes, unsere Missetaten zu unserem Besten. Indem sie uns in uns selbst zurückführen, erregen sie uns eine Empfindsamkeit, die unser Herz befähigt, noch andere ungleich höherer Art zu erfahren, und diese Stimmung benutzt Gott, um uns letztere zu schenken. So ist die unendliche Weisheit geschäftig, aus dem Bösen Gutes in uns zu erziehen. — [41]

Nachdem wir (von der Schuld) befreit worden sind, bedürfen wir noch lange Zeit, uns zu bessern und zu reinigen. Darum ist man dann noch nicht selig, wenn man aufhört, verdammt zu sein. Daher gibt es ein zweifaches Gericht in der Apokalypse. (Vgl. Offb 20.) — [85]

Welche Fortschritte können wir machen, was können wir hoffen, solange wir nicht die **Taufe des Geistes** empfangen haben? Die ganze Natur schmachtet, solange sie der belebenden Wärme ihrer Sonne beraubt ist. Mache dich klein, sammle dich, nimm alle Kräfte zusammen, lass nicht nach, und du wirst bald fühlen, dass das Leben in dich sich herabsenken wird nach dem Maße deiner Aufrichtigkeit und Beständigkeit! — [88]

Könnten wir dahin gelangen, **keinen Willen mehr zu haben**, wie sollte es dann noch Widersprüche und Kümmernisse für uns geben? Wohl könnten sie uns umringen, aber sie würden sich nie auf widerwärtige Weise uns fühlbar machen, weil sie keinen Stützpunkt in uns fänden. — [98]

Wenn der Mensch gereinigt ist, was wird er dann nicht tun können? Was nicht wirklich tun? Beginnen wir also immer damit, uns zu reinigen und hören nie auf zu bitten, dass uns das Gefühl unseres Unvermögens und unserer Unwürdigkeit beständig gegeben werde! — [91]

[Unter anderen merkwürdigen Rechtssachen las ich den Prozess der Mde. S. und ihrer Kinder, mit deren Hilfe sie ihren Mann getötet hatte. Diese Familie war aus Marseille. Das Verbrechen blieb mehrere Monate verborgen und kam zufällig an den Tag durch ein Versehen des Herrn **von Cavoi**, der an den Herrn **von Pont Chartrain** einige zu prüfende Geschäftssachen zurücksendete, unter welche Papiere unversehens auch ein Brief gleitete, der eine ausführliche Darstellung des ganzen Verbrechens enthielt. Indessen ist es nicht allein der geheimnisvolle Gang der Gerechtigkeit, der in der gedachten Sache meine Verwunderung erregt hat, sondern auch die lebhafte und rührende Beredsamkeit des Kapuziners, der zu Aix die Verbrecher zum Gerichte begleitete und also das Volk anredete: „Bittet für diese Unglücklichen, aber bittet auch für euch; wir sind allzumal Sünder, und wenn ihr sehet, wie Gott diejenigen selbst behandelt, denen er doch vergibt, so könnt ihr daraus abnehmen, wie er diejenigen behandelt wird, denen er nicht vergibt und die keine Buße getan haben!" Wenn die Kapuziner immer nur solche Worte geredet und die Tugend nicht in die Mönchskappe gesetzt hätten, so würde man sie nicht so verachtet haben. Derjenige, von dem die Rede ist, brachte die Büßenden, mit deren Beistande er sich belastet hatte, zu so wahrhaft reumütigen und frommen Gefühlen, dass sie ebenso sehr ein Beispiel der gläubigen Ergebung wurden als sie vorher ein Schandfleck der Menschheit waren, und diese durch die erhaben Logik der Liebe bewirkten Rührengen sind es, die jederzeit auf mich den größten Einfluss gehabt haben.] — [71]

[Um den Beweis zu führen, dass man wiedergeboren ist, muss man alles um sich her wiedergebären.] — [75]

[Das Goldstück, welches die Alten in den Mund der Toten zu legen pflegten, um das Fährgeld zu entrichten, und wovon die F.M. reden, ist die von ihren Lastern gereinigte Seele.] — [83]

[Lasset uns nie vergessen, welche Mutter wir haben und dass die Erde sie uns darstellt, und lasset uns daher wie Kinder nur dahin streben, uns von ihrer Milch zu entwöhnen.] — [84]

[Nur in der Richtung gegen unser **Wesen** kann unsere Reinigung geschehen, alle, welche diese Richtung nicht fühlen, werden nicht entsühnt und beflecken sich immer mehr.] — [94]

Gebet und Gebetserhörung

Mensch, sagte ich oft bei mir selbst, du hast Mühsal und Leiden, aber du hast auch die Macht, zu deinem Gott zu beten. Aber zugleich musste ich denken: Wie sollten die Menschen nicht Mühsal und Leiden haben, da ja alle ihre Bemühungen dahin gehen, dem Gebet auszuweichen? — Lasset uns weinen, weinen über unseren Zustand auf Erden! Nichts wird widerstehen unseren Tränen und einem anhaltenden Gebet. Vor allem aber vergessen wir uns selbst in aller möglichen Weise, so dass wir nichts vor Augen haben als unsere Aufgabe, unsere Reinigung, Versöhnung, Entsündigung, dass wir nur einer einfältigen, demütigen, zu jedem Opfer bereiten Weisheit teilhaftig werden. Vergessen wir nicht, dass weil das Wesen aller Wesen sich ganz für uns gegeben hat, auch wir für Ihn uns gänzlich geben und uns ganz unter seinen Schild stellen müssen. Denn der geringste Teil von uns, den wir seiner Macht und Liebe entziehen, fällt augenblicklich dem Tode anheim. Vergessen wir endlich nicht, dass das Ganze, was Er für uns gegeben hat, unendlich über dem ist, was wir geben; denn jenes ist Grund und Wesen, dieses nur Frucht und Erzeugnis. Also muss fromme Demut uns zum **Gebet** führen, dann wird das Gebet uns zum Frieden der Seele führen, während das Studium allein uns nur zum Wissen, dieses aber zum Stolz und zur Unruhe, die ihn begleitet, bringen würde. — [97]

Wollen wir alles erhalten, so lasst uns im Namen (Jesu, als der Fülle, und) unserer Bedürftigkeit alles erbitten. —

Was kann der Mensch von Gott erbitten? Wie, auf welchen Gegenstand soll er sein Gebet richten? — Er leidet, aber er kennt seine Übel nicht, wie soll er seine Bedürfnisse kennen? Das einzige, was er hienieden zu tun hat, ist unablässig zu seufzen, sich demütig, klein und eingezogen zu halten, damit in der inneren Stille der große Arzt ihn besuchen könne, ihm zu raten, ihn seine Krankheit kennen zu lehren, ihm das rechte Verhalten vorzuschreiben. Gott allein kennt völlig unseren Zustand. Alle Mittel, die wir aus eigener Meinung uns verordnen, sind nur äußere und können nur schädliche Wirkungen erzeugen. O Mensch, siehe die Größe deines Elends! Du bist in die Tiefe eines Abgrundes gefallen; alle deine Glieder sind zerquetscht und zerbrochen. Du bist nicht nur unfähig, dich selbst zu heilen, du weiß auch nicht einmal, von wo, noch wann der Arzt dir kommen würde! — [82]

Das **Gebet** ist das Atemholen unserer Seele. — [111]

Das Gebet ist eine Leiter, mittelst welcher wir uns bis in den Himmel der Himmel erheben können. — [117]

Der Herr sagt uns überall in der h. Schrift: Rufe mich an, so will ich dich erhören! Und dennoch, wiewohl die uns auferlegte Bindung so mild ist und wir durch ein einziges Wort die Macht haben, selig zu werden, haben wir nicht den Mut, es auszusprechen! — [118]

Hat nicht der Heiland genug für uns getan, indem er uns verhieß, uns seine Hand zu reichen, wenn wir ihn darum bitten würden? Wenn das Kind, das neben seiner Wärterin fällt, nicht bitten will, dass sie es aufhebe, wird es an der Erde liegenbleiben. —

Vergebens hoffen wir, dass uns irgendetwas gelingen werde, wenn wir nicht vorher gebetet haben. — [120]

Daraus, dass Gott unveränderlich ist, schließen manche, dass die Gebete ihn nicht bewegen können, wenn er einen Ratschluss gefasst hat. Diese Vorstellung kann den Menschen in die schlimmste Verzweiflung stürzen, dafern wir ungeachtet aller unserer Anstrengungen, uns in der Tugend zu erhalten, keine Gnade vor Gott erlangen könnten, wenn er unser Verderben beschlossen hat. Zum Glück ist sie falsch, denn Gott hat nur Ratschlüsse für das Heil der Geschöpfe, und da wir allein es sind, die seinen Zorn herausfordern; auch vermögen wir immer in dieser Welt ihn noch aufzuhalten. Suchen wir in diesem Leben eine so große Vorstellung von Gottes Gerechtigkeit zu schaffen, dass wir uns in der Liebe zum Guten erhalten; aber keine so große, dass die Furcht davor uns in Verzweiflung stürzte! —

Es genügt nicht, zu Gott zu sagen: Dein Wille geschehe! Man muss auch unablässig streben, ihn zu erkennen. Denn wenn wir ihn nicht erkennen, was sind wir und was können wir tun? — [339]

„Hilf dir selbst und ich werde dir helfen!" Die Menschen haben dieses Wort in groben Missbrauch gezogen, indem sie es auf die Sorgen um ihr irdisch-zeitliches Glück und Wohlbefinden anwendeten. Jenes Wort Gottes bezieht sich ganz auf den Geist. Er wollte durch diesen Rat uns nichts anderes sagen, als dass wir die nötige Freiheit hätten, seine Gnade auf uns herabzurufen und dass Er immer bereit wäre, sie uns zu senden, wenn wir's nur wären, sie zu erbitten; ja dass Er uns befähigen wollte, sie nicht durch unsere Befleckungen, Versäumnisse und Ungerechtigkeiten zurückzustoßen. − [29]

Unzählige Menschen vermögen nicht zu beten ohne Bild und Kruzifix. Sie wissen nicht, dass wir selbst das einzige Bild sind, dessen Betrachtung uns erlaubt und heilsam ist, weil wir allein das Bild Gottes sind. Ebenso wissen sie nicht, dass wir das Kruzifix nicht sowohl vor Augen als im Herzen zu haben trachten sollten; ja den Gekreuzigten selber sollten wir darin zu haben suchen, um daraus den Kreuziger zu vertreiben. − [114]

Wenn das Gebet, dachte ich manchmal, in der rechten Weise vonstattengehen soll, so müsste jeder Teil desselben ein aus dem Herzen des Menschen quellender Hymnus oder Lobgesang sein; d.h. der Mensch müsste sich selbst Psalmen bilden und sich nicht begnügen, solche bloß zu lesen. −

Ich habe in meinen Schriften genugsam gezeigt, wie hoch das Gebet des inneren Menschen über dem Gebet der Formeln stehe. Aber ich habe zugleich erfahren, dass die Gebete in der Kirche zuweilen wirksamer sind als die in der Einsamkeit und ohne Genossen. Die Kirchenräume sind voll von einem geheimen Zauber [Magie] des Gebets und Opfers. Dieser Zauber wirkt auf mich ein und ersetzt zum Teil, was mir mangelt. Die Starken bedürfen dieser Hilfe nicht. − [147]

Das Gebet jenes Spaniers: Mein Gott, bewahre mich vor mir selbst! entstammt einer sehr heilsamen Herzensbewegung, wenn wir sie nur in uns aufwecken mögen. Es ist die zu fühlen, dass wir das einzige Wesen sind, vor dem wir uns auf Erden fürchten sollten. Man könnte obiger Bitte die folgende hinzufügen: Mein Gott, verhindere mir gnädiglich, dass ich **dich** nicht (in mir) morde! −

Es gibt aber noch eine höhere Stufe des Gebets. Wir müssen fühlen, dass die einzige Bitte, die wir zu tun haben, die ist, dass wir beständig dahin arbeiten, **Den** nicht zu hindern **in uns** zu beten, der nicht aufhören kann, **für uns** zu bitten, sei es in, sei es außer uns. Am liebsten bittet er in uns, weil wir sein Betkämmerlein sind.

Wenn wir ihn aber nicht den Eintritt darin gewähren, geht er fort und bittet außer uns und nimmt seinen Frieden mit sich fort. — Wenn wir sprechen: **Unser Vater!** hoffen wir, dass wir Ihn eines Tages zu uns sprechen hören: **Mein Sohn!** — [14]

Zuweilen bereitet Gott für uns insgeheim eine Sache, die uns heilsam und selbst erfreulich werden kann, und flößt uns in dem Augenblick, wo sie uns zuteilwerden soll, den Wusch und das Verlangen ein, sie von ihm zu erbitten, damit er uns Gelegenheit gebe zu denken, dass er sie auf unsere Bitte bewilligte und dadurch in uns ein Gefühl von seiner Güte, Menschenfreundlichkeit und Liebe gegen uns erwecke. —

Es gäbe keine Zwischenzeiten in unserem Leben, die leer bleiben müssten, wenn wir nicht Toren wären. Denn es gibt keine Zwischenzeit, die wir nicht mit Gebet ausfüllen könnten. — [116]

Wie es unnütz sein würde, für alle Verstorbenen zu beten, so würde es unvernünftig sein, für gar keine zu beten. [Es gibt noch ein Drittes zwischen den beiden Extremen der Verdammnis und der Seligkeit, und in diesem dritten, wenn man nur die Schuld nicht aufhebt, kann man hoffen, deren Erleichterung zu erhalten. Darum betete man zu Jerusalem für die Makkabäer, die in der Schlacht gefallen waren. Außer dass man bei ihnen Götzenbilder fand, hatten sie auch von den Blutschulden sich zu reinigen, von denselben, die David verhinderten, dem Herrn ein Haus zu bauen.] — [122]

[Wir sind über die Sphären erhaben und wir sind von allem entblößt und allem ausgesetzt. Lasset uns nicht ruhen, bis dass wir von allem Fleischlichen, das uns anklebt, uns gereinigt und den alten Menschen vernichtet haben. Lasset unsere Seele uns vorbereiten zum Gebet und dann beten solcherweise, dass wir von dem Feuer des Lebens durchdrungen werden, lasset uns alle unsere Gefühle und Bewegungen Einem Prinzip unterordnen; lasset uns über uns selbst erzittern, uns demütigen und bitten mit einem ungestümen Verlangen* — und bald werden wir empfinden, dass in uns, was uns fehlt, zurückkehrt und dass unser Wesen in den Wonnen der Wiedergeburt wieder aufblüht.] — [101]

---

* Mt 11,12: „die Gewalt tun, die reißen es (das Himmelreich) zu sich"; vgl. Lk 11,8.

[Es haben einige behauptet, dass wir allezeit beten könnten, in welchem Zustande der Kälte sich unsere Seele auch befinden möge; dagegen haben andere das gerade Gegenteil behauptet und gemeint, es gebe Zustände, in denen wir gar nicht beten könnten und wo das Gebet uns nicht einmal erlaubt sei. Man würde sich, meines Erachtens, in dieser Hinsicht besser verstanden haben, wenn man einen Unterschied gemacht hätte zwischen dem Gebete, das uns selbst, und dem, das unsere Nächsten betrifft. Gewiss können wir in jedem Zustande zum wenigsten versuchen, uns in die zum Gebet notwendige Stimmung zu versetzen, und diese Bemühungen sind schon eine Art von Gebet. Aber wenn es sich darum handelt, für unsere Nächsten zu beten, so gibt es gewiss Fälle, wo wir wohl tun, uns des Gebetes zu enthalten, bis wir uns kräftig genug fühlen, um es wirksam zu machen.] — [115]

[O Mensch, habe ich oft zu mir selbst gesagt, du hast Mühe und du hast das Vermögen, zu deinem Gott zu beten! Doch zu derselben Zeit musste ich mir sagen: wie sollten die Menschen nicht Mühe haben, weil alle ihre Sorgen nur darauf abzwecken, sie zu verhindern, dass sie zu Gott beten.]* — [119]

Glaube und Liebe

Um uns in dem Reiche der Gerechtigkeit und Wahrheit zu behaupten, müssten wir nie vergessen, dass wir nur einer einzigen Sache auf Erden bedürftig sind, nämlich der Tugend der Willenskraft, als der einzigen, die unserem Stande entspricht. Wir fühlen, dass die Wissenschaft, wie nützlich und angenehm sei auch sei, uns zu nichts hilft; dass auch äußere Glückszustände, Freuden, selbst Geistesgaben uns zu nichts helfen, wenn sie nicht unterstützt, geleitet und genährt werden durch den nämlichen Geist der Wahrheit, des Lebens und der Kraft. Wir fühlen andererseits, dass wir mit dem Geiste der Kraft alles haben, weil wir ihn nur dann haben,

---

* Nicht umsonst haben die heiligen Männer Gottes aller Zeiten so sehr darauf gedrungen, sich der irdischen Sorgen zu entschlagen, und der Herr, Mt 6,34 sogar die Sorge für den anderen Morgen verboten.

wenn wir verbunden sind mit Dem, der alles hat, alles kann, alles leitet und alles ist, und dass wir alsdann allen Ereignissen und Umständen die Spitze bieten können durch diese Tugend der Kraft, welche nichts anderes ist als der lebendige und tätige **Glaube**. Worauf aber hat Jesus Christus zumeist bestanden? Auf Glauben und Demut! — [382]

Nicht in Behauptungen und Worten besteht unser **Glaubensbekenntnis**, sondern in der Lebensführung und der völligen Entsagung unserer selbst. Der einfältige, ungelehrte Mensch, der mit Zuversicht wandelt im Namen des Herrn und sich demütigt in seinen eigenen Augen, beweist den Glauben dadurch besser als durch Beredsamkeit und laute Bezeugungen. — [42]

Unser Glaube sollte derart sein, dass kein Einwurf ihn fällen noch erschüttern, aber auch kein Wunder ihn befremden und erstaunen machen könnte. — [43]

Wäre die Religion eine Sache, dem Meinungsstreit der Menschen unterworfen, so hätte sie Grund zu all jenen verfänglichen Fragen, mit denen sie sich in dieser Sache quälen; man könnte sie sogar auf eine Methode zurückführen und sie wie die anderen Wissenschaften lehren. Aber die Religion ist die Wissenschaft des Herzens; sie ist die Frucht des aufrichtigen Glaubens und der Demut; sie ist ein innerstes Fühlen, gegen das alle Vernünfteleien zuschanden werden und das diese ebenso wenig geben können. Die Religion ist ein Weg, den man betreten muss mit brennender Liebe zur Wahrheit und nicht mit dem Wunsche, den Glauben anderer und den eigenen zu erschüttern, indem man ihn zergliedern will. Wer Glauben sagt, sagt Vertrauen; wer Vertrauen, sagt Liebe, Hoffnung; lauter Gefühle, die lebendiger und befriedigender für uns sind als die, welche die Verstandsüberzeugung veranlasst. Denn diese letzteren kann man sich nicht verschließen, weil der Augenschein unwiderstehlich empfunden wird; wogegen die Empfindung des Glaubens frei und freiwillig ist: sie geht von uns aus, während jene mit Gewalt auf uns eindringt. Man sieht daraus, welche von beiden am meisten unsere Achtung verdient. — [47]

In Gottes Augen gilt der Glaube (der Hingebung) statt der Werke und wird zur Gerechtigkeit gerechnet, wie solches von Abraham gesagt ist. In der Menschen Augen gilt der Glaube nichts ohne die Werke, und allein die praktische Ausübung der Tugenden und Gaben kann sie erbauen, überzeugen und (zu Gott) zurückbringen. — [44]

Die Hoffnung ist ein beginnender Glaube; der Glaube eine vollendete Hoffnung. Die Liebe ist die lebendige und sichtbare Tat des Glaubens und der Hoffnung. — [46]

Je mehr man sich erhebt, je mehr wächst das Vertrauen. Wenn man niedersteigt zur Erde, tritt der Zweifel an dessen Stelle. Der Beweis also, dass die Lehrer uns herabziehen, ist, wenn sie uns zum Zweifel führen. — [49]

[Auf dem Wege, den die Schwachen für den sichersten halten, sind sie dahin gebracht, sich zu zwingen zu glauben, nämlich dass sie glauben, während man sich auf dem anderen Wege nicht enthalten kann zu glauben.] — [51]

[Über den Glauben gibt es in der Welt verschiedene Systeme. Nach einigen soll allein der Glaube genügen; nach anderen müssen wir uns an die Werke halten; noch andere wollen, dass Glaube und Werke miteinander verbunden werden. Ohne Zweifel haben diese letzteren das bessere Teil gewählt. Wenn mein Nächster in leiblicher oder geistlicher Not ist und ich kann ihm helfen und entferne mich doch von ihm, was ist es ihm nütze, wenn ich Glauben und Liebe im Herzen habe! — Man hat in dieser Hinsicht der römischen Kirche ein Unrecht beigemessen, das ihr fremd ist; sie sagt nicht, dass der Glaube allein uns selig macht, weil sie ja doch jedenfalls den Gebrauch der Sakramente und die Ausübung der Tugenden verlangt.] — [54]

Wenn der Mensch an Gott glaubt, kann er nicht in Verzweiflung fallen und wenn er ihn liebt, kann er nie sein ohne Seufzen. — [17]

Es ist ein Schmerz für mich, wenn ich so leichthin von jener erhabenen Liebe sprechen höre, welche das wahre und einzige Ziel meines Erdenwerkes ist. Man fühlt nicht, dass dieser schöne Name von unserer Seite nicht anders ausgesprochen werden sollte als so, wie er sich von Seiten Gottes ausspricht: durch Werke, Wohltaten und lebendige Wunder. — [126]

Hast du die Liebe zu Gott, so wirst du niemals Pein haben. Es muss aber diese Liebe wahr, aufrichtig, warm, unerschrocken sein;

sie muss uns Teilnahme für die Menschen, Barmherzigkeit, Mut und Großmut einflößen. Mit einer solche Liebe ist man immer groß, immer demütig, immer glücklich; man liebt alles und doch liebt man nichts, d.h. man liebt nur das Gute und Wahre und hat kein Band mit dem, was vergänglich ist. — [139]

Für unser eigenes Weiterkommen in der Tugend und Wahrheit genügt es an einer einzigen Eigenschaft, an der Liebe. Um darin unsere Nächsten zu fördern, bedarf es zweier, der Liebe und der Weisheit. Um das Werk des Menschen zu vollenden, werden drei erfordert, Liebe, Weisheit und tätiges Wirken. Aber die Liebe ist allzeit die Grundlage und der Mittelpunkt [Herd — foyer principal]. — [146]

Die Ehrfurcht vor dem höchsten Urheber flößt uns eine andere ein für uns selbst als sein Bild und für die anderen Menschen als unsere Brüder. Nun lässt man bei dem, den man achtet, es an nichts fehlen; und das ist der erste Schritt zur Weisheit, dass man es nicht an dem fehlen lasse, was man schuldig ist (Röm. 13, 7 f.). Der zweite ist, dass man mehr tue als man schuldig ist, wozu allein die Liebe uns bewegen kann. Deswegen hat die Weisheit alle ihre Unterweisungen aufgehen lassen in der Liebe (1. Kor. 12 f.). — [144]

Lasst uns nie das Gleichnis von dem Schuldner im Evangelium (Mt 18,22-35) vergessen, der von seinem Gläubiger verfolgt (dann losgesprochen) wird, seinerseits wieder den eigenen Schuldner verfolgt. Darauf aber wird er ohne Gnade gestraft von dem, der ihm Erlass hatte zuteilwerden lassen. Daraus mag der Mensch lernen, wie er mit seinesgleichen umzugehen habe. — [142]

[Der **Stoiker** denkt nur an sich, daher sucht er nur das eigene Glück und sucht es auch nur in sich selbst, er sucht es weder im anderen, noch hat er das Bestreben, sie glücklich zu machen. Er sucht den Schlägen des Schicksals nicht auszuweichen; er fühlt, dass es unmöglich ist, weil er diese Schläge nicht vorhersehen kann; er sucht auch nicht sonderlich vor den Übeln, welche seine Nebenmenschen ihm antun könnten, sich zu bewahren, denn er setzt diese Menschen beinahe in die Klasse der Tiere, und er erniedrigt sich nicht bis zu dem Glauben, dass er von ihnen beleidigt werden könne. Der Hochmut, scheint es, ist sein Führer, die Unempfindlichkeit der Vorwurf seiner Bestrebungen, aber diese **Laster** sind nicht die Grundlage der wahren Glückseligkeit.

Derjenige, der eine gesündere Moral befolgt, der wahre Philosoph, will kein Glück, das er nur aus Unkosten von seinesgleichen genießen könnte. Das erste Gesetz für den Menschen ist, dass er die Wahrheit und Gerechtigkeit liebe; darum ist der gerechte, edelsinnige Mensch weit davon entfernt, dieses Gesetz in seiner Ausübung zu beschränken, vielmehr sucht er dessen Grenzen zu erweitern; innigst gerührt von den Vorschriften, welche dieses Gesetz in sich fasst, fühlt er, wie dessen Geist darauf geht, dass er seinen Nächsten unterstütze mit Rat und Tat. Von dieser Wahrheit durchdrungen, ist er immer besorgt, eine so gerechte Verpflichtung nicht so völlig zu erfüllen, als er sollte, und aus heiliger Hingebung an seine Pflicht allezeit bereit, sich selbst zu vergessen, um sich ganz dem Wohl des menschlichen Geschlechts zu widmen. Der Stoiker will nur für sich und durch sich glücklich sein; der Mensch der Wahrheit ist es nur durch seine Nächsten und für sie.] – [127]

Einigkeit lässt sich in geselligen Verbindungen schwer erreichen, nur in unserer persönlichen Verbindung mit Gott ist sie zu finden. Und erst wenn diese Verbindung geschlossen ist, erkennen wir uns von selbst als Brüder untereinander. – [130]

Die Nächstenliebe (charité) lebt immer für zwei; sie vergisst sich selbst, um nur an das Wohl derer zu denken, auf welche sie ihre wohltätigen Blicke wirft. Dies sollte das Werk des ersten Menschen sein, in Nachahmung des Urquells der Allliebe, von dem er seinen Ursprung hatte. Dasselbe sollte auch das Werk des gegenwärtigen Menschen sein, in Nachahmung der unauslöschlichen Liebe des reinen, unschuldigen, heiligen und Göttlichen Wesens, das herniederkam, alle Menschen zu retten. Aber der Abgrund bleibt allezeit offen unter den Schritten des schwachen und unreinen Willens des Menschen. Die Finsternisse steigen um ihn her auf, und statt sich dieser brennenden Liebe zu weihen, durch die er das Dasein empfing, zieht er sich auf sich selbst zurück und sein Geist sieht weder die lichte Quelle dieser Liebe, die allezeit ihn wie die Sonne überstrahlt, noch die schrecklichen Übel, welche sein ganzes Geschlecht niederdrücken und heimlich ihn selbst verzehren. Das ist der Grund, weshalb die Welt so eigennützig ist. Die Erkenntnis und das Leben der Liebe sind in ihr erloschen. In einem düsteren, finsteren Ort aber ist jeder nur auf sich und seine eigene Sicherheit bedacht. − [128]

Man lehrt uns, dass die Armen Jesu Christi Glieder sind; aber sie sind auch unserer eigenen Glieder, weil alle Menschen zusammen nur einen Leib ausmachen, von dem Jesus Christus der Herr oder das Haupt ist. Wenn nun ein Glied unseres Leibes verletzt wird, eilen nicht die unverletzten zu seinem Beistande, bieten sie nicht alle Mittel und Kräfte auf, um es zu heilen? − (Doch sind natürliche Arme und Christi Arme zu unterscheiden.) − [Darum wollen wir uns bestreben, die Armen allezeit von dieser Seite anzusehen, und wollen ebenso eifrig sein in der Teilnahme an den sie quälenden Übeln und Bedürfnissen, als wir zu sein pflegen in der Heilung uns Stillung der Schmerzen irgendeines Gliedes von unserem irdischen Leibe.] − [133]

Almosengeben haftet, wie mir schien, nicht durchaus an dem Werke (unserer Wiedergeburt), obwohl es zu unserer Reinigung dient und viele Sünden bedeckt, wie die Schrift sagt. Wenn ich einem Unglücklichen etwas gab oder einen Armen unterstützte, so glaubte ich damit nicht etwas zu tun, das nachher in Rechnung käme, so sehr ist man es schuldig. ... Die Welt, die jenes Werk nicht kennt, gerät in Entzücken über Wohltätigkeit und Almosengeben, und kommt nicht weiter. − [143]

Stecke dein Geld nicht in deinen Beutel, damit du desto eher bereit seiest, Almosen zu geben. − [134]

Die Höflichkeit ist eine Art wohltuender Liebe, bei der man immer um des anderen willen sich selbst vergessen soll. − [140]

Je weiter man in den Tugenden fortschreitet, desto weniger achtet man auf die Fehler der anderen. Wie wenn ein Mensch den Gipfel eines Berges erstiegen hätte, von wo er einen weiten Gesichtskreis übersieht, da würde er nicht das Missgestaltete an denen sehen, welche diesen Raum bewohnen, und seine Erhebung selbst würde in ihm doch ein lebendiges und zartes Mitgefühl erwecken für die, welche, wie er weiß, Eines Wesens mit ihm sind. − [141]

Eins der großen Geheimnisse der Weisheit, welche nichts anderes ist als die Liebe, besteht darin, dass wenn man genötigt ist, etwas zu tun, was einem anderen missfällt, man sich niemals dazu entscheidet, ohne sich vorher der Mittel versichert zu haben, welche die Wunde heilen können, die man schlagen muss. So tut ein geschickter Wundarzt, ebenso tut die höchste Liebe gegen uns arme Menschen; so begleitet und folgt sie immer der Gerechtigkeit, die sie üben muss. Wenn wir sie in unserem Verhalten nachzuahmen verstünden, würden wir alle unsere Mitmenschen heilen, statt dass wir sie fast immer nur verwunden. — [356]

Sehen die Weltkinder einen Menschen Gottes auf seinem Wege fortschreiten, so lachen sie über ihn. Wenn ein Mensch Gottes die Weltkinder in ihren falschen und nichtigen Bestrebungen fortgehen sieht, so weint er und ruft die Barmherzigkeit für sie an. — [298]

Wenn die allzu raschen und kurzsichtigen Menschen irgendwelche Fehler an ihresgleichen bemerken, so erklären sie solche durch Bosheit und nicht durch Schwäche, weil diese Schwäche ihnen nicht entspricht. Die milden Menschen hingegen erklären die Bosheiten ihresgleichen durch Irrtum und Schwäche, weil sie keine Anknüpfung für die Bosheit in sich haben. So trägt unser Urteil die Farbe unseres Charakters; aber die einzige wahre Farbe, die ihm zukommt, ist Milde und Barmherzigkeit. Nur diese vertreibt alle Wolken; und wenn diese Barmherzigkeit sich ihrer Rechte begibt, so leidet darunter ihr Urteil nicht, weil sie mit Erkenntnis der Ursache handelt. —

Der gute Jeremias war nur der Jeremias Jerusalems. Heute gilt es, der Jeremias der Welt zu sein. —

Jede Liebe hat ihre Kunst. („Jede Lust hat ihre List" oder „Wo ein Wille, da ein Weg.") —

Wenn die Dienste der Nächstenliebe dir beschwerlich fallen und große Mühe kosten, so gedenke derer, die dir erwiesen worden sind durch die Liebe deines Heilandes! — [123]

[Diejenigen, die wirklich meine Freunde sind, möchte ich zu jeder Stunde sehen und unter allen Umständen, denn nur in einer fortwährenden Gemeinschaft kann die Freundschaft in ihrem ganzen Umfange sich darstellen und alles geben, was sie vermag. Diejenigen, die nur bisweilen mich ihren Freund nennen und nicht von gleichen Ideen erfüllt sind und von gleicher Sehnsucht, sind nur Freunde der Oberfläche.] — [137]

[Es gibt Menschen, die mehr als andere dem Erlöser ähnlich sind und die, nachdem sie eine Seele zu ihrer Friedensstätte geführt haben, zurücksteigen, um anderen Menschen als deren geistige Führer zu dienen. Wenn nun Gott für ihre geistigen Arbeiten sie bezahlt, wie werden sie darüber zu klagen vermögen, dass er sie zum Heile anderer dienen lässt!] — [145]

Leiden und Trübsal

Da die Wahrheit die Güte und die Liebe selbst ist, kann sie nichts von dem zerstören, was sie hervorgebracht hat. Sie bestraft wohl die Wesen, aber vernichtet sie nicht; vielmehr das Gesetz ihrer Gerechtigkeit selbst und die freie Natur dieser Wesen unterwirft letztere von rechtswegen den notwendigen Folgen ihrer Verirrungen. — [201]

Das Menschengeschlecht ist so sehr dazu bestimmt, für den ersten Menschen als für seinen Vater mitzubüßen, dass wir auch in der gegenwärtigen Welt die Schuld unserer Nächsten im Geistlichen wie im Zeitlichen mitzutragen haben. — [210]

Wenn die Trübsale der Erde mich zuweilen unzufrieden machten, so haben sie mich doch auch gelehrt, warum die Vorsehung sie uns zuließ. Weil wir nämlich nur zu geneigt sind zu glauben, die Erde solle angenehm sein, so will sie uns lehren, dass sie bitter sein soll. Der Fromme soll sich sogar seiner Trübsale freuen, um das Gefühl von dieser Bitterkeit der Erde zu bewahren. —

Gott ist unablässig bemüht, durch Anwendung aller möglichen Mittel die Menschen zu überzeugen, dass ihr Reich nicht von dieser Welt sei. Aber die Mehrzahl ist so starren Kopfes und so unordentlichen Wandels, dass er sie diese Wahrheit nur durch Trübsale, Unglücksfälle und Kräfteentziehung lehren kann. — [188]

Die Widerwärtigkeiten sind dem Menschen geschickt, ihn zu demütigen und seinen Hochmut zu verzehren, gleichwie das Feuer alle groben Stoffe verzehrt, welche das Wesen der Körper einhüllen. Jene entkleiden unsere Seele von den groben und verdorbenen Hüllen, die sie vergiften, und befähigen sie dadurch, sich rein zu ihrer Quelle zu erheben. — [wie jene durch das Feuer gereinigten und entbundenen Prinzipien der Körper sich wieder vereinigen mit dem Urfeuer, daraus sie geboren sind]. — [193]

Freue dich, wenn Gott dich prüft! Es ist ein augenscheinliches Zeichen, dass er dich nicht vergisst. — [206]

Fasse Mut! sagt man gewöhnlich zu denen, die in Leiden und Kummer sind. Liegt in den Worten nicht eine Rechtfertigung der Erhabenheit unseres (ursprünglichen) Wesens? Heißt es nicht zugestehen, dass es unser hohes Vorrecht ist, die Ordnung wiederherzustellen und den niederen Mächten gebieten zu können, durch deren Wirkung die ganze körperliche Natur regiert wird? Denn wenn unsere Rechte in dieser Hinsicht sich auf unseresgleichen erstrecken, so können sie mit noch mehrerem Grunde uns selbst eigen sein. — [388]

Anstatt uns über die Übel zu beklagen, die wir erleiden, und über die Entbehrungen, die wir erfahren, zumal wenn sie nach dem Willen der Vorsehung uns trafen, sollten wir damit anfangen, ihr zu danken für die Wohltaten, die sie uns erwiesen, und für die Gaben, die sie uns fort und fort sendet. — [185]

Es ist eine Gnade, die Gott uns erweist, wenn er beständig aller menschlichen Stützen uns beraubt, auf denen wir immer so gern ruhen möchten. Dadurch nötigt er uns, nur in ihm unsere Ruhe zu suchen. Und dies ist das letzte und tiefste Geheimnis der Weisheit. Können wir betrübt sein, dass er uns dasselbe lehrt? — [8]

Die Gottheit gewährt zuweilen bösen Menschen ein langes Leben, um ihnen Zeit zu lassen, ihre Sünden durch Leiden zu sühnen oder durch fromme Taten vergessen zu machen, oft auch, um den Schuldigen durch diese beiden Mittel zugleich zu reinigen. So sehr bemüht sie sich, uns geschickt zu machen, dass wir gereinigt auf den Pfad gelangen, der zu ihrem Throne führt. — [36]

In Bezug auf das Unglück sieh immer unter dich; in Bezug auf Tugend und Wissen immer über dich. Dies wird das Mittel sein, dich vor Verzweiflung wie vor Stolz zu bewahren. — [348]

Die Prüfungen und Widerwärtigkeiten, denen wir unterworfen sind, werden Kreuze für uns, wenn wir unter denselben bleiben; sie werden Leiter und Erhebungsmittel, wenn wir uns über ihnen erhalten. Die Weisheit, welche uns ihnen aussetzt, hat auch keine andere Absicht, als uns zu erheben und zu heilen. — [nicht aber jene schädlichen und grausamen Absichten, welche die Menge ihr gewöhnlich beimisst]. — [182]

Ich habe wohl gesagt, man solle auf seiner Hut sein am Morgen nach einem glücklichen Tage. Ich kann mit gleicher Wahrheit hinzusetzen, dass wir auf Tröstungen hoffen dürfen am Morgen nach einem schlimmen Tage. — [197]

Wenn wir den Mut hätten, freiwillig das beständige und aufrichtige Opfer unseres ganzen Wesens zu bringen, würde Gott uns die Prüfungen, Widerwärtigkeiten und Übel nicht zusenden, die wir unser ganzes Leben hindurch zu erdulden haben. Auch würden wir dann immer **über** unseren Opfern sein, wie der Heiland es war, statt dass wir fast immer **unter** ihnen sind. — [205]

Es gibt in der Welt für den Menschen nur einen Zustand, der (stets) ohne Nachteil ist: es ist der, wo er im Geiste und für den Geist leidet. Zwar auch alle anderen Leiden können ihm nützlich sein, wenn er Vorteil daraus zu ziehen wüsste, weil sie den Sinnenmenschen, der immer nur zu bereit ist, sich zum Herrn zu machen, schwächen würden. Aber sie geben fast immer nur Anlass zum Murren und Lästern, wenn man nicht das Glück hat, schon zuvor die Leiden des Geistes (um das Heil der eigenen und anderer Seelen) zu kennen. — [209]

Es ist eine große Gefahr für den Menschen, sich verlassen zu glauben, wenn er leidet. Vergessen wir nie, dass Gott unsere Reinigung, nicht unser Verderben will. Unsere Missetaten selbst sollen in uns nur Gewissensanklagen und das Gefühl unserer tiefen Erniedrigung wirken, niemals aber Verzweiflung. Das höchste Mitleid nimmt teil an unseren Schmerzen, die Barmherzigkeit an unseren Fehlern und Verirrungen. Das heißt Gott verkennen, wenn man wähnt, dass er uns nicht könne wiedergebären, wenn wir mit wahrhaft zerknirschtem und demütigem Herzen zu ihm zurückkehren. — [187]

Die Freuden, welche die Menschen sich durch ihre Leidenschaften und üblen Meinungen verschaffen, haben gewöhnlich Angst und Widerwärtigkeiten zur Folge, weil die alles regierende Gerechtigkeit will, dass alles ausgeglichen werde. Die Trübsale dagegen, welche diese Gerechtigkeit zu unserer Prüfung über uns kommen lässt, enden stets in Glückseligkeiten, die eine Ausgleichung entgegengesetzter Art sind. Dies zeigt uns, welche unendliche Vergeltung uns erwartet nach der Angst dieses Lebens, wenn wir sie zu tragen wissen. — [198]

Zu meiner eigenen wie zur Schmach der Menschheit habe ich oft die Erfahrung gemacht, dass die Leiden, die wir uns selber bereiten, viel härter sind als die, welche Gott uns zuschickt. — [203]

Es ist nicht schwer einzusehen, dass die leiblichen Übel so einfache Erscheinungen für uns sind, dass wenn wir unseren Lebens-Ordnungen treu wären, sie sehr oft durch bloße Diät gehoben würden, an Stelle jener heftig wirkenden Mittel, die wir anzuwenden genötigt sind. Dies ist eine Erfahrung, die ich mehrmals gemacht habe. — [208]

[Es erfordert keine sonderliche Mühe zu erkennen, dass die Übel der Natur sehr oft für uns bloße Erscheinungen sein würden, wenn wir unserem Berufe treu wären, und dass sie durch einfache Vorschriften sich heilen würden, statt der gewaltsamen Mittel, welche wir gewöhnlich anzuwenden haben. Ich habe öfter diese Erfahrung gemacht.] — [208]

[Glücklich, wer den Trübsalen zuvorzukommen weiß oder doch sie zu ertragen!] — [211]

Alle Nöte unseres körperlichen Wesens, obgleich sie Übel sind, dürfen nie uns niederschlagen, da wir fühlen, dass unsere Seele sie überdauern wird. Sie sind die unvermeidlichen Folgen der natürlichen Gesetze, unter die wir uns mit Ergebung zu beugen haben. Das Mittel, uns das Opfer zu erleichtern, ist, dass wir uns nicht gelüsten lassen, das Opfertier zu liebkosen. — [184]

Es ist ein Unglück, Ungerechtigkeiten zu erleiden, aber es ist nicht dem Unglück zu vergleichen, selbst Unrecht zu tun; und es wird ein Tag kommen, wo die Menschen wünschen werden, das zurückgeben zu können, was sie an sich behielten und selbst die Ungerechtigkeiten zu erleiden, die sie begingen. — [186]

Wenn sie sich über irdische und natürliche Übel betrüben, sage ihnen, dass sie von Gott getrennt sind und dass dieses sei das wahre und einzige Leid, das sie betrüben dürfe, wenn anders sie so glücklich sein werden, es zu fühlen. — [289]

Es gibt nur ein Übel, was vor dem göttlichen Spiegel besteht, das nämlich, was uns von Ihm, unserem Mittelpunkt, entfernt hält und uns hindert, in ihn einzugehen. Unsere eigenste Natur würde uns dahin ziehen, wären wir nicht beständig bemüht, Hindernisse dagegen zu häufen. — [189]

Fürchten wir das Böse und nichts als dieses, so wird unsere Herz stets in Freuden sein. — [190]

Willst du, dass dein Geist in Freuden sei? So lass deine Seele in Trauern sein!— [204]

[Der Kelch des Leidens ist ausgegossen über die Erde und wir alle müssen davon trinken, nach Verhältnis unserer Übel, Bedürfnisse oder Bestimmungen. Dieser Kelch hat eine große und besondere Eigenschaft, nämlich die, dass er die Augen unseres Verständnisses reinigt, wie leibliche Heilmittel die Eigenschaft besitzen, das leibliche Gesicht zu reinigen, indem sie alle Feuchtigkeit davon ableiten.] — [183]

[Wir wollen der Sehnsucht und des Eifers voll werden für den Ruhm des höchsten Prinzips und des festen Vertrauens, dass so wir für unseren Herrn arbeiten, unser Herr mächtig genug ist, uns vor allem Mangel zu behüten.] — [194]

[Es gibt Schrecknisse, die uns in Folge der **Leerheit** unseres Geistes befallen, und strenge genommen sind vielleicht alle dieser Art. Es ist eine Schwäche, die den Geist wie den Körper aus Mangel an Nahrung überfällt. Lasst uns arbeiten und mit heilsamen und lehrreichen Gegenständen uns erfüllen, und wir werden bald die Sicherheit der Gerechten fühlen.] — [195]

[Es möchten nur wenige glauben, was ich sagen will und selbst empfunden habe, dass nämlich mitten unter den größten Drangsalen und Bedrückungen, die uns widerfahren, wir noch viel mehr von Glücksumständen und Begünstigungen bestürmt werden würden, wenn wir nur mit Eifer die mächtigen Hilfen ergriffen, die uns umgeben und die uns niemals verlassen.] — [199]

Der Tor wünscht sich Glück, wenn man ihm leiht, was man in einem Augenblick ihm wieder nehmen wird. Er murrt, wenn man von ihm wieder nimmt, was man ihm geliehen hatte, gleichsam wie einen Stoff zum Opfer. — [207]

Lebensweisheit

„**Wenn ihr meine Gesetze bewahret, so werden sie euch bewahren.**" Dies ist die Verheißung der Weisheit; und wir können ihrer Erfüllung gewiss sein, wenn wir treu sind im Befolgen des Rates, den sie uns gibt. — [329]

Tue recht! Das wird dich mehr in der Weisheit und Sittlichkeit unterweisen als alle Bücher, welche davon handeln. Denn Weisheit und Sittlichkeit sind Dinge des Tuns! —

Um auf dem Wege der Weisheit Fortschritte zu machen, muss man nicht den Kopf zerbrechen, sondern das Herz. — [338]

Schmeichle dir nicht, je die Weisheit durch bloße Verstandes- und bloße Gedächtnisbildung zu erlangen. Diese Weisheit ist wie die Mutterliebe: sie kann nur empfunden werden nach den Wehen und Schmerzen der **Geburt**. — [247]

Lasset uns immer trachten, die Begierde nach Gott in uns aufzuwecken, und um das zu erreichen, bestreben wir uns, den falschen Schein zu besiegen, der uns umgibt, und unser Elend zu fühlen. Insonderheit halten wir immer das Bewusstsein fest, dass auf all unseren Schritten ein treuer Freund uns begleitet, führt, speist und unterhält. Das wird uns behutsam und vertrauensvoll machen und uns beides, Weisheit und Kraft geben. — [21]

Wenn ich mir das Bild eines Weisen entwarf in dem vollen Sinne, dass er die Bildung der Sprache mit einschließt, so habe ich mir gesagt, dass er ein Mann sei, der ebenso viel Sorge trüge zu verbergen, was er besaß, als andere Sorge tragen zu zeigen, was sie nicht besitzen. —

Drei Dinge wünsche ich in Übung. Erstens, dass der Mensch nie vergesse, dass es ein ander Licht als das elementische gibt, und dass dieses nur dessen Schleier und Maske ist. Zweitens, dass der Mensch sich überzeuge, dass nichts ihn hindern kann noch darf, sein (von Gott aufgegebenes) Werk zu verrichten. Drittens, dass er fühle, dass dasjenige, was er am besten weiß, er nicht (von außen) erlernt. — [360]

Lasst uns unseren Sinnen nicht erlauben, was wir dem Geist verbergen möchten. Lasst uns unserem Geiste nichts erlauben, was wir unserem Herzen und Gewissen verbergen möchten. Lasst uns unserem Herzen nichts erlauben, was wir Gott verbergen möchten: so wird unser ganzes Wesen in der rechten Verfassung und in dem Frieden sein, welchen St. Paulus „über alle Vernunft" setzt, da er doch die Vernunft nicht ausschließt. — [89]

Nicht das, was uns das meiste Vergnügen macht, müssen wir suchen in dem, was wir lesen, schreiben oder sonst tun, sondern das was unserer eigenen und unseres Nächsten geistig-sittlichen Wiedergeburt förderlich sein kann, vor allem was beiträgt zu dem Werke des großen Meisters, dem wir alle auf Erden mit Fleiß zu dienen berufen sind. Fühlen wir nicht, dass ein so reiner Geist uns treibt, so lasset uns einhalten. Denn alles, was wir dann noch tun, weit entfernt uns zu nützen, würde nur zu unserer Verdammnis ausschlagen. — [90]

Der Mensch der Wahrheit bleibt nicht dabei stehen, die Weisheit zu betrachten, noch weniger bläht er sich auf, wenn sie sich ihm nahen will. Was er tut, ist, sie fühlen, mit ihr wirken, sich freuen und danken. — [367]

Alles, was nicht die Weisheit ist, betrügt den Menschen. Mit ihr im Bunde ist der Mensch geschickt zu allem Guten; ohne sie versteinert sich das Herz des Menschen. — [369]

Alles, was nicht die Weisheit ist, übersättigt. Sie allein kann durch sich selbst das Herz einnehmen und es mit einer Freude füllen, die nie vergeht. —

Betrüben wir uns und weinen über den leichtfertigen oder gar schlechten Gebrauch, den wir so oft von unseren Fähigkeiten machen, aber lassen wir uns durch diese Betrübnis nicht entmutigen! Sehen wir nicht so lange hinter uns als vor uns, und wenn wir die Schwachheit hatten, uns unterwegs aufzuhalten, so sei es ein Grund mehr vorwärtszueilen. — [92]

Übern wir uns darein, zu flehen, zu seufzen über unsere Gebrechen, nähren wir unaufhörlich im Tiefsten unserer Herzen die Gewissensbestrafungen, welche uns auf der schmerzvollen Lebensreise bestimmt wurden, und bitten beständig den Herrn über alles, uns in seinem Zorn nicht zu verlassen! Das wird die rechte Weisheit sein. — Die Gaben des Glücks, nach denen die Menge läuft, sollen nur Zugabe und Erfrischungsmittel für uns sein. Und wenn wir diese verdienen, so ist Gott mächtiger als alle Menschen zusammen: Er wird sie uns geben, selbst ohne dass wir darum bitten. — [102]

Lasset uns mit Verlangen und Eifer uns erfüllen für die Ehre unseres höchsten Urhebers und mit dem festen Vertrauen, dass wenn wir für unseren Herrn arbeiten, unser Herr mächtig genug ist, es uns an nichts fehlen zu lassen. —

Alle Glücksgüter sind uns nur gegeben, um damit unseren Durchgang durch dies Erdental zu bezahlen. Die aber, welche sie entbehren, werden darum nicht weniger durchkommen. Das ist, was die Armen unendlich trösten kann. — [349]

Alles ist eitel, sagt Salomo. Aber lasst uns diese Lehre nicht ausdehnen auf den Mut, auf die barmherzige Liebe und die Tugend. Lasst uns im Gegenteil aufsteigen zu jenen erhabenen Dingen, um sagen zu können: alles ist Wahrheit, alles Liebe, alles Glück! — [353]

In der Zurückgezogenheit müssen wir unser Feld beackern, besäen, begießen und pflegen, in der Welt und Gesellschaft aber die Früchte unserer Ernte austeilen. Stattdessen lassen wir oft in der Zurückgezogenheit unser Feld sich mit Gestrüpp und Dornen bedecken und bringen in die Gesellschaft fast nichts anderes mit als Unkraut! — [343]

Es ist schwer, mitten in der Welt und bei der Gunst des Glückes große Fortschritte in der Weisheit zu machen. Denn mit jener muss man sich verstellen, und mit der anderen sorgen, dass man's nicht verliere und sich nicht auf ein anderes stütze, als auf unseren Gott. — [347]

Man sagt in der Welt, dass man mit den Wölfen heulen müsse: gut! Aber indem man sich gewöhnt, mit ihnen zu heulen, wird man nicht zuletzt mit ihnen beißen und fressen? — [295]

Wenn die Weisen, nachdem sie sich mit den Eingebungen der Wahrheit erfüllt haben, sich damit in der Welt ausbreiten, verlieren sie in ihr sehr oft, was sie erworben hatten. — [Es geht ihnen wie den Handwerkern und Tagelöhnern, die am Sonntage in der Schenke mit Essen und Trinken wieder aufgehen lassen, was sie in der Woche verdient haben.] — [313]

Das Wort, das man sich bewahrt, wird desto kräftiger, denn nichts stärkt den Menschen so sehr als das Schweigen. —

Die Weisheit, die Tugend, die Frömmigkeit sichern uns den Frieden in beiden Welten. Die Täuschung, die Sünde und die Nachlässigkeit bezüglich der Dinge, die unsere wahre Natur betreffen, gewähren uns den Frieden weder in dieser noch in der anderen Welt. — [366]

Arbeite für den Geist, ehe du Nahrung für den Geist verlangst; wer nicht arbeitet, ist nicht wert zu leben. — Weil der Geist der Welt nicht gerade ist (droit), muss er schlau sein (adroit). Der Geist der Wahrheit kümmert sich nicht um diese Schlauheit und ist auch über dieses Hilfsmittel erhaben: all seine Stärke und Zuversicht beruht in der Geradheit. — [303]

Das Heldentum und kalte Blut der Weisen dieser Welt hat fast immer den Stolz zum Grunde, sich nicht durch einen Menschen übertreffen zu lassen, sowie das Vergnügen ihn zu demütigen. Die Erhebung und der unerschütterliche Mut des wahren Weisen fließen aus der lebendigen Quelle und haben ihre Wurzel, ihre Nahrung und ihre ganze Wirksamkeit in einer anderen Welt. Eben darum vermögen sie in der diesseitige Welt wohlzutun, während die anderen Tugenden ihr nur schaden. — [305]

Nichts ist leichter als einzusehen, warum die Weisheit eine Torheit in den Augen der Welt ist: sie zeigt uns durch eigene Erfahrung, dass die Welt eine Torheit neben ihr ist. Denn wo ist selbst der wahrheitsliebendste Mensch, der nicht vieles in seinem Laufe versäumt und der darum sich nicht für einen Toren gehalten hätte, sobald er den Pfad der Weisheit gewann? —

Die Toren spotten eines des anderen, die Weisen wünschen einer dem anderen Glück. Der Grund ist, dass die Torheit aus der Selbstsucht hervorgeht, die Weisheit aber aus der Liebe. — [261]

Man sollte guten Menschen nicht mit Lobeserhebungen vergelten. Das hieße sie dem Hochmut aussetzen und eine Tugend mit einem Laster bezahlen. — [340]

Der Friede findet sich viel mehr im geduldigen Tragen als im richterlichen Urteilen. Auch ist für uns besser, ungerecht beschuldigt zu werden, als andere zu beschuldigen, selbst gerechterweise. —

[Der tapfere Streiter achtet, wenn er Sturm läuft, keine Stöße, keine Wunden, auch nicht den ihm drohenden Tod. Sein alleiniges Ziel und Ende ist der Sieg und der Ruhm des Herrn, dem er dient.

Das ist das Vorbild, dem wir folgen müssen auf der geistigen Laufbahn. Wir sollen nichts vor Augen haben als das Ziel, das unsere Befreiung ist und die Niederlage unseres Feindes. Wir sollen ohne Murren und mit Mut alle Prüfungen, die uns zugeschickt werden, uns unterwerfen; wir sollen, wie die Verbrecher, die man zum Gerichte führt, den König und die Gerechtigkeit um Vergebung anrufen, und dann ohne weitere Verwirrung das Schafott besteigen. Es sind einige mit Freuden hinaufgestiegen und haben uns dadurch die Typen gezeigt der tiefen und geheimnisvollen Wahrheiten, in Beziehung auf die ursprüngliche Geschichte des Menschen.] — [81]

[Die Tränen sind das durchsichtige Bild und das Zwischenmittel* des Geistes, wie das Wasser das durchsichtige Bild und das Zwischenmittel des Lichts.] — [103]

[Wer ist ein unschuldiger Mensch? Derjenige würde es sein, der nichts verloren und alles erworben hätte.] — [108]

[Wie süß ist es, sich anzuschauen, ohne dass unser Atem den Spiegel befleckt.] — [109]

[Unsere Werke sind die Münze unserer Lichter.] — [110]

[Je mehr die Zeit vorrückt, umso mehr auch nimmt die Zahl der oberen Kräfte im Weltall zu; der große Stoß ist aufgespart für das Ende der Zeiten, und die Wesen werden der höchsten Unterstützung bedürfen, um diesen letzten Stoß auszuhalten. So verhält es sich auch mit dem einzelnen Menschen; je weiter sein Leben sich verläuft, umso mehr auch sollte er inne werden, dass die oberen Gaben sich um ihn häufen, als ebenso viele Kräfte und Stützungspunkte für seinen letzten Augenblick.] — [330]

[Bevor wir zu etwas Wichtigem uns anschicken, ist es wohlgetan, mit uns selbst zu Rate zu gehen, ob wir können, ob wir wollen und ob wir sollen. Unglücklicherweise sind es gewöhnlich die Verhältnisse, welche unser Wollen und Verlangen vertreten, wie dagegen unser Wollen und Verlangen es sind, die unsere Pflichten vertreten. Darum ist so weniges in seiner rechten Ordnung; darum gibt es so viel Unglück und Täuschung unter den Menschen.] — [341]

---

* Le transparent et l'intermède.

[Wie könnten wir den Mann von Verdienst verachten (in welcher Klasse der bürgerliche Gesellschaft er auch sein möge!). Kommt nicht die Tugend aus einem und demselben Prinzip und hat sie nicht überall den gleichen Charakter! All ihre Verschiedenheiten bestehen nur in einem geringeren oder größeren Maß, in einer niederen oder höheren Stufe. Ein reicher Mann, dessen Beutel mit Gold gefüllt ist, und ein geringer Mann, der nur Kupfer in dem seinigen führt, weichen nur in der Summe voneinander ab; doch was der eine und der andere hat, es trägt das Bild desselben Souverains.] — [342]

[Alles, was nicht Weisheit ist, sättigt; nur sie kann durch sich selbst uns anziehen und mit einer Freude, die niemals aufhört, uns erfüllen.] — [350]

[In den fremden Ländern sehen wir unsere Herrscher nur in den Personen ihrer Gesandten; in unseren eigenen Ländern gibt es einige, die ihre Herrscher zwar sehen, aber nicht zu ihnen sprechen können; auch gibt es andere, welche beides, sie sehen und sie sprechen können. Alle diese Gemälde lehren uns unsere eigene geistliche Geschichte und die verschiedenen Stufen der Aussöhnung und Wiedergeburt, welche wir durchgehen müssen. Denn alles auf Erden ist typisch, sowohl in den Werken der Natur als in den menschlichen Einrichtungen. Darum wird die Wahrheit uns eines Tages so viele Vorwürfe zu machen haben, wenn wir nicht weise genug waren, sie zu erkennen und ihr zu folgen.] — [352]

[Das Leben der gewöhnlichen Menschen besteht nur aus zwei Tagen. An dem einen glauben sie alles und an dem anderen nichts. Auch das Leben der übrigen Menschen besteht nur aus zwei Tagen, doch mit dem Unterschiede, dass sie am ersten nur an den Schein glauben, d.i. an nichts, und an dem andern an alles, weil sie an die Wahrheit glauben.] — [355]

[Zwei Wege führen uns zur Wahrheit; einmal der Weg eines vollkommenen und noch unbedingteren Schweigens als das pythagoräische, wenn nur die innere Sehnsucht schon entzündet ist; und dann der Weg, in Folge dessen man immer von der Wahrheit redet und nur von ihr. — Die Menschen finden die Wahrheit selten und verlieren am Ende sogar den Glauben an ihre Möglichkeit, denn sie reden zwar immer, aber nie von ihr.] — [357]

[Mir gefällt ein unter Chinesen verbreitete Meinung: der Ton-künstler müsse von reinen Sitten sein und den Geist der Wahrheit haben, um reine Töne seinem Instrument zu entlocken. So müsste es auch mit den Dichtern sein, denn die wahre Dichtkunst ist eine Tonkunst. Deswegen wird Apollo mit der Leier dargestellt.] — [359]

[Die Worte sind uns zugezählt worden wie die Schafe einem Schäfer, und wenn wir sie irregehen lassen oder von Kräften kommen oder von den Wölfen verzehren, so werden wir mit größerer Strenge noch als er behandelt werden.] — [363]

[Wenn irgendein täuschender oder verbrecherischer Anreiz sich uns darstellt und uns verfolgt, so müssen wir streben, uns im Geist in die **wahre Region** zu erheben. Sie wird bald uns lehren, wie viel wir durch eine Annäherung an sie zu gewinnen haben; denn alle Freuden, die man uns hienieden verspricht, aber nicht gibt, wird sie uns geben, ohne sie selbst versprochen zu haben; die Vergleichung der beiden Regionen wird einen heilsamen Eindruck auf uns machen; wir werden erkennen, dass in der oberen Region alles lebendig, dagegen alles tot, abschreckend und bloß bildlich in der unteren ist; die Beständigkeit ist in jener, die Verdorbenheit, der Betrug, die Unbeständigkeit sind in dieser.] — [365]

[Habe nichts mit der Welt gemein! Sie ist zu gelehrt in den Un-wissenheiten und Ungerechtigkeiten.] — [368]

[O Mensch, durchdringe dich allezeit mit diesem festen Prinzip und mit diesen beständigen Wahrheiten, die dem Wandel der Weisen zur Vorschrift dienen sollen; vergiss niemals das endliche Ziel der Dinge hienieden; denke oft an die Grenzen, welche der Schöpfer deiner Macht gesetzt hat, weil du alles vom ihm empfangen hast; überzeuge dich, dass jedes, was in der Welt auf irdischen Wegen geschieht, nur eine Vergessenheit des ersten Wesens ist, worauf alles bezogen werden muss; sei wohl davon überzeugt, dass dieses Übergewicht, welches die Menschen einer über den anderen zu erwerben suchen, nur ein Hirngespinst ist und nur auf einer eingebildeten Grundlage beruht; lass deinem Geiste immer die festen Gesetze gegenwärtig sein, welche in dir gegründet sind und dich lehren können, das Wahre von dem Scheine zu unterscheiden; höre diese innere Stimme, welche dir sagt, dass in dir der eine Teil gehorchen soll und der andere unbedingte Herrschaft üben; alles wird dann in der Ordnung sein und du wirst die Eitelkeit nicht fürchten.] — [373]

Lebenstorheit

Es ist in den Augen der Menschen ein großes Unrecht, ein Bild ohne Rahmen zu sein; so sehr sind sie gewohnt, Rahmen ohne Bilder zu sehen. — [294]

Die Zahl derer, welche betrügen, ist gewiss sehr groß; aber die Zahl derer, welche sich selbst betrügen, ist unendlich größer. — [310]

Die Menschen lassen das Wahre dem Dienste der Erscheinung dienen, während das Erscheinende ihnen doch nur gegeben ward zum Dienste des Wahren. — [322]

Nach der Art, wie die Weltmenschen ihre Zeit verbringen, sollte man sagen, dass sie fürchten, nicht genug Tier zu sein. —

Es war mir nicht schwer zu bemerken, dass die Menschen ihre Tage damit zubrächten, sich voreinander zu verbergen. Nur mit dem Unterschiede, dass die Toren und Heuchler den anderen ihre Unwissenheit und ihre Leidenschaften verbergen, die Weisen aber ihre Erkenntnisse und Tugenden. [Auch diese Bemerkung konnte ich machen, dass die Menschen ihren Leib behandeln wie Kinder ihre Puppen; sie kleiden und entkleiden sie unaufhörlich, kräuseln und entkräuseln sie, schmücken sie und berauben sie den Augenblick darauf ihres Schmuckes.] — [285]

Ich habe gesehen, dass das Kind die Dinge der Welt, welche die Männer beschäftigen, unbeachtet unter sich lässt, weil sie über ihm sind. Aber ich habe auch gesehen, dass die Männer, die nur große Kinder sind, es ebenso machten hinsichtlich der ewigen Wahrheiten der Göttlichen Weisheit. Und eben dieses hat meine Seele oft wie mit einem Schwerte durchschnitten. — [307]

Ich habe gesehen, wie die große Menge der Menschen sich nur damit abgab, das zu gewinnen, was sie ihr Leben nennen [dass sie das tägliche Leben sich verdienen]; und mir schien, dass sie dies richtiger genannt hätten, ihren Tod zu gewinnen. Denn sie füllen sich [beschäftigen sich] nur mit toten Dingen und Leichnamen, und das so im Geistigen als im Leiblichen. — [307]

Ich habe bemerkt, wie sehr die Menschen sich über das Glück in dieser Welt täuschten. Dieses Glück ward ihnen nur gegeben, damit sie weiter ausschreiten und höher aufsteigen. Allein sie bleiben dabei stehen, machen es wie viele Christen in ihren Gottesdiensten: sie nehmen das Mittel für den Zweck, und wenn dieses Mittel ihnen genommen wird, fallen sie; hingegen, wenn sie höher gestiegen wären, so könnte die Leiter fortgezogen werden und sie würden doch auf ihren Füßen bleiben. — [345]

Wie sehr hält die Lust dieser Welt mit ihren Gewohnheiten den Menschen in der Blindheit zurück und hindert ihn, die Wahrheit zu finden, selbst wenn der Mensch sie eifrig zu suchen scheint! Diese Unglücklichen fühlen wohl in sich das Bedürfnis nach jener Wahrheit; sie wissen sogar satirische, beißende Gemälde gegen die aufzustellen, welche sich von ihr entfernen und uns täuschen. Aber indem sie zu wünschen scheinen, dass sie zu ihrem Tempel komme, um daselbst zu wohnen, bemühen sie sich, die Türen und Fenster desselben mit Kalk und Sand zu vermauern und nachdem sie ihr so den Eintritt verwehrt, würden sie sich laut über den lustig machen, welcher behauptete, eine größere Erkenntnis von ihr zu haben. — [312]

Der Weltmensch fordert von den anderen Menschen alle Tugenden und bemüht sich selbst doch nur, sie täglich in ihnen zu zerstören, sei es durch sein Beispiel, sei's durch seine Lehre. — [290]

Wenn der Mensch nur einen Fehler nicht achtet, wird er bald dreißig begehen. — [358]

Meistenteils sah ich die Menschen einer solchen Nichtigkeit hingegeben, dass ich mich höchlich wunderte, dass sie nicht noch verdorbener und unglücklicher waren, so sehr ließen sie dem Bösen alle Türen ihres Inneren offen. So war es für mich auch einer der stärksten Beweise der immerwährenden Obhut der Vorsehung, welche mit ihnen wie mit Kindern umgeht, die man keinen Augenblick allein lassen darf und unaufhörlich vor dem bewahren muss, wovor sie sich selbst nicht bewahren. — [296]

Die Menschen sollten einander helfen, ihr trauriges Los zu verbessern, und sie tun im Gegenteil beinahe nichts, als einander deshalb zu bestrafen. — [299]

Sehr selten habe ich, wenn ich die Menschen besuchte, jemand gefunden, der in seinem eigenen Hause wohnte. Sie wohnen fast alle in gemieteten Zimmern und doch sind solche noch nicht die dürftigsten und bedauernswertesten. Manche wohnen vor den Türen, ähnlich die Lazzaroni in Neapel, oder selbst auf den Straßen und unter freiem Himmel, so wenige tragen die Sorge, ihr väterliches Wohnhaus (ihre Heimat in Gott) zu bewahren und sich nicht aus ihrem Eigentum treiben zu lassen. — [302]

Die Menschen sind gewohnt, die Forschung und Erkenntnis der Grundursachen zu vernachlässigen. Wenn sie dann den Weg und das Wirken dieser Grundursachen einmal betrachten wollen, sind sie erstaunt, dass sie nichts davon verstehen und glauben, sich auf alles vorgesehen zu haben, wenn sie ausrufen: Mystik! (mystère.) — [315]

Die Menschen sind wie Kinder, denen man die Tugend durch unterhaltende Geschichten anziehend machen muss, da sie von den Dingen des Geistes nichts begreifen. — [324]

Indem die Weltmenschen nur danach trachten, nichts zu leiden und dagegen alle sinnlichen Ergötzungen sich zu verschaffen, verhindern sie nur ihre Genesung. Sie fliehen das Heilmittel, und weil ohne dasselbe ihre Wunden ungeregt bleiben, wähnen sie, dass sie sich wohlbefinden und missbrauchen so die Unwissenheit der Schwachen und Leichtgläubigen, welche unglücklich genug sind, ihren Grundsätzen Glauben beizumessen und sich ihrerseits darin bestärken. — [316]

Ich habe gesehen, dass das Bild der Tugend auch den Reichen und Glücklichen der Welt wohl gefiel, vorausgesetzt dass sie sich im Besitz aller Mittel wussten, um von der Ausübung derselben losgesprochen zu sein. Indes ist es doch gerade dieser Geschmack, den sie noch für das Bild der Tugend besitzen, ein Funke aus jenem Urlicht und spricht zugunsten ihrer ursprünglichen Natur. — [309]

Wir alle sollten während unseres Daseins an diesem Ort der Buße unser Brot im Schweiße unseres Angesichts genießen. Doch scheint es, als gehe das Treiben der Menschen nur dahin, dieses Gebot zu umgehen, sowohl im Leiblichen als in Geistigen. Darum erwirbt man Reichtümer, darum Ämter und Ehrenstellen, die ohne Mühe alle Güter gewähren; darum auch studiert man die weltlichen Wissenschaften und jeder beeifert sich, einige schöne Ideen, einige außergewöhnliche Kenntnisse zu erhalten, ohne dass der inwendige Mensch daran teilnimmt und darüber Schweiß vergießt. — [Das ist auch die Absicht der magnetischen Krisen, wo die Somnambulen Orakel erteilen und höhere Dinge lehren, ohne dass ihre Seele deswegen zu arbeiten braucht.] — [246]

Gewöhnlich sind die Großen und Reichen nur die Dschingis-Khane (Despoten und Verwüster) der Welt, während sie deren Vorbilder, Stützen und Wohltäter sein sollten. — [420]

Gott hat Mittel geschaffen für die Gesundheit des Leibes wie für die der Seele. Des Menschen Gemüt fordert ihn auf, sich jener wie dieser zu bedienen. Wenn er wähnt, dass es ohne Arbeit und ohne Anwendung der ihm gegebenen Mittel ihm glücken könne, so ist das eine Versäumnis, die ihn sehr schuldvoll mache kann. Mag er seine Trägheit mit dem Namen des Gottvertrauens schmücken: Gott, dem man nichts verbirgt, weil er über allem ist, liest in seinem Herzen und richtet ihn. Es ist auch in der Tat ein Zweifeln an den Wegen, die Gott bereitet hat, ein Versuchen, ob sie auch sicher seien, und ob der Mensch nicht ohne sie zum Wohlsein gelangen könne. Diese Versuchung hat schon manchen in Finsternis gestürzt. — [105]

Wie vermöchten die Menschen dieser Welt ohne Gebrechen und Laster zu leben, da sie doch nur an das Nichts und an die tierische Sinnlichkeit denken, während die, welche mit Ernst nach der Weisheit trachten, tausend Mühen durchgehen, um sie zu erlangen, und sie wieder verlieren, wofern sie in ihren Anstrengungen nachlassen! Auch ist die Welt nur für die Wirkungen des Zeitwindes [zeitlichen Wirbelwindes] empfänglich, weil sie andere nicht kennt. Aber seine Stärke und Tugend kann der Mensch nur finden in der Einkehr, der Herzenserforschung, in der Demut und Geduld. — [323]

Wir überlassen uns mit so vielem Vergnügen der Romanleserei nur aus Trägheit des Geistes. Denn in dieser Art Lesestoff nähren wir uns (bestenfalls) von den Bildern der edlen Taten und Tugenden, die uns darin vorgeführt werden, und indem dieser flüchtige Genuss den Hunger nach der Wirklichkeit in uns erstickt, opfern wir die wesentlichen Bedürfnisse so den trüglichen Vergnügungen. Das Nämliche kann vom **Theater** gesagt werden. — [314]

Die Weltkinder wähnen, man könne kein Heiliger sein ohne ein Tor zu sein. Sie wissen aber nicht, dass das einzige wahre Mittel, kein Tor zu sein, darin besteht, ein Heiliger (ein Gotteskind) zu sein. — [292]

Die andere Welt scheint mir das wahre Hospital der gegenwärtigen zu sein. Dies lässt mich manchmal denken, wie unnütz es sei, diejenigen hienieden heilen zu wollen, die sich selbst nicht heilen wollen. —

[Was sehe ich täglich in der Welt? Leute, welche wie Erwachsene behandelt sein wollen und die man doch führen muss wie Kinder.] — [286]

[Die weltliche Gesellschaft im allgemeinen ist mir wie ein Theater vorgekommen, auf dem man seine Zeit nur anwendet, seine Rolle zu spielen, und wo niemals ein Augenblick ist, sie zu lernen. Die Gesellschaft der Weisen ist dagegen eine Schule, in der man seine Zeit nur dazu benutzt, seine Rolle zu lernen, und wo man, um sie zu spielen, nur darauf wartet, dass der Vorhang aufgezogen werde, d.h. der Schleier des Weltalls verschwinden möge.] — [291]

[Öfters musste ich mir sagen, der Mensch sei wie jemand, der ohne Regenschirm die stürmischen Gegenden dieser allzeit mit Ungewittern angefüllten Natur durchwandert. Scherzend fügte ich hinzu, dass es seiner Frisur wohl anzusehen sei.] — [297]

[Die Menschen, die auf der Oberfläche leben, haben nur geringe Mühen und geringe Freuden; sie werden ebenso leicht betrübt als getröstet. Das sind nur Schatten von Menschen. Auch wird das Leben derselben von neuem anfangen müssen, wenn sie diese sichtbare Sinnenwelt werden verlassen haben, weil sie während ihrer Durchreise nicht gelebt haben, und in dieser Verlängerung der Zeit wird auch ihre Verurteilung bestehen, weil die Verbindung ihrer Substanzen nicht so sanft und harmonisch sein wird als in dieser Zeit, wo alles in den Verhältnissen des Heiles und der Barmherzigkeit ist.] — [301]

[Nicht in der Welt muss man die Menschen suchen, welche sich an die Stelle der anderen zu setzen wissen.* Ein jeder bildet da sein besonderes Zentrum und sieht nur dieses, weil er sich immer tiefer darin versenkt, statt von ihm auszugehen. Daher ist es nur ein Zeitverlust, wenn man dieser Art Leute zur Vernunft bringen will, weil ja die Liebe die Grundlage der Vernunft ist, also diejenigen Tugend, zufolge derer man unablässig von sich ausgeht, um für das Glück der anderen sich zu opfern. Indessen würde dieses Unheil allzu hart und daher ungerecht sein, wenn es ohne Ausnahme auf alle bezogen werden sollte. Die Welt schließt noch gute Seelen in sich, Menschen, die tugendhaft genug sind, um sich ganz der Wohltätigkeit und der Ausübung aller Tugenden zu widmen. Kann man aber wirklich diese Menschen als zur Welt gehörig ansehen, das Wort in seinem eigentlichen Sinne genommen? Sind es nicht vielmehr Menschen, welche der Welt entronnen sind, und nur ihrer Verhältnisse, Geburt und anderer Umstände willen sich noch darin befinden? So findet man fortwährend Diamanten und andere kostbare Steine unter den gröbsten und unreinsten Erdstoffen, mit welchen sie gar keine Verbindung haben.] — [304]

[Ich habe wohl zuweilen die Frauen, die einen Zirkel halten und sich die Lobhudeleien der Männer gefallen lassen, mit einem türkischen Sultan verglichen und jene müßigen und üppigen Männer mit den Sultaninnen seines Serails, welche ihm den Hof machen und alle seine Launen beräuchern. Diese Rolle eines türkischen Sultans ist wirklich die, welche die Frauen vom Hause Frankreichs spielen und namentlich in Paris, dagegen die Männer nur die Rolle der Sultaninnen spielen. So sind die Verhältnisse, ja die Natur der Dinge durch die fressende Gewalt der nichtigen, eitlen Gesellschaft verändert worden.] — [317]

[Vor einem Weisen würde die Welt sich fürchten wie der materielle Mensch vor einem Gespenste und Geiste.] ** — [325]

[Die leichtsinnige Welt, vornehmlich die Frauen, bringen ihr Leben in einer Kette von Nichtigkeiten zu, die eine auf die andere folgen und sie endlich des Vermögens berauben, sich bewusst zu

---

* Stellvertreter, nach dem ewigen Vorbilde, das uns gegeben ist.
** Vgl. Joh 18,6.

werden, dass es eine Wahrheit gibt, und dieselbe zu ergreifen. Die Mehrzahl der Frauen und der Männer, die ihnen gleichen, sind wie Kinder, die alles ansehen, die bei dem geringsten Widerspruche schreien, aber keine andere Kraft haben als zu schreien, und die man gegen alles verteidigen muss, weil Furcht und Ohnmacht ihre konstitutiven Elemente sind.] − [326]
[Die Freunde der Welt sind die Freunde des Lobes.] − [328]

Wissenschaft, Philosophie

Wir sind so ungewiss und schwankend hienieden, unsere Gedanken sind so veränderlich, wir gleichen uns selber in den verschiedenen Perioden unseres Lebens so wenig, dass wir eigentlich unsere Meinungen zu datieren nötig hätten und zu sagen: an dem und jenem Tage dachte ich so. Diese Vorsicht würde uns mit unseren Systemen zurückhaltender und in unseren Behauptungen minder entschieden machen. − [335]

Nicht ist leichter, als bis zur Pforte der Wahrheit zu gelangen. Nichts ist seltener und schwerer, als durch sie einzutreten; und eben dieses ist der Fall in den meisten Weisen dieser Welt (Mt 7,14). −

Alle, welche sich damit begnügen, ihre Freude zu haben an dem Lichte, das ihnen durch den Unterricht von ihresgleichen oder durch natürliche Eingebung zuteilwurde, sind wie ein Acker, der sich des Samens rühmte, den man auf seine Oberfläche gesät hat, wo er noch ausgebreitet jedermann vor Augen liegt. Wenn das Herz sich nicht öffnet, um diesen Samen aufzunehmen und ihn mit milder Wärme zu bedecken, so geht er nimmer auf und auch bei der reichlichsten Aussaat bliebe der Acker ungebaut und unfruchtbar wie eine Wüste. − [106].

Die, welche die wahre Wissenschaft nur aus Neugierde suchen und sich nicht durch göttliche und evangelische Tugenden darauf vorbereiten, bedenken nicht, dass sie den neuen Menschen auf den alten pfropfen, ehe sie diesen zerstört haben. Die Zweige dieses alten Menschen wachsen empor und überschatten den neuen Menschen derart, dass er nicht zu seiner Reife kommt. Das Evangelium hat uns diese Wahrheit vorgestellt, indem es sagt, man solle nicht neuen Wein in alte Schläuche füllen und nicht ein Stück neues Tuch auf ein altes Kleid heften (Mt 9,16.) – [243]

Ich habe oft gesagt, dass wir vergebens meinen, auf dem Wege vernünftigen Nachdenkens zur wollen Wahrheit zu gelangen. Dieser Weg führt uns nur zu den rationalen (Denk-)Wahrheiten. Freilich ist auch dieser insoferne von hohem Wert, als er uns große Hilfsmittel gegen die Angriffe der Weltweisheit bietet; überdies ist er der einzige, welcher dem natürlichen Lichte jenes „Menschen der Sehnsucht" überantwortet ist, und kann als solcher von fast allgemeinem Nutzen sein. Aber er vermag nicht das unmittelbare Gefühl von der lebendigen Grundwahrheit zu gewähren, aus welcher unser Wesen sein Leben und Sein schöpfen muss. Diese Art Wahrheit kann sich nur durch sich selber geben. Werden wir einfältig und geringe, so wird unser erhabener Führer uns seine Lieblichkeit empfinden lassen. Bringen wir nur seine Erstlingsgaben alsbald in Übung, so werden wir dann auch des reinen, des heiligen Geistes, ja die des Wortes und der höchsten Heiligkeit zu schmecken bekommen und erkennen, dass dieses alles im inwendigen Menschen zu finden ist. –

Im Ursprunge wurde der Kopf durch das Herz regiert; er sollte nur dienen, es auszuweiten. Heute herrscht der Kopf des Menschen über sein Herz, da doch diesem das Zepter gehört. Das heißt, die Liebe steht höher als die Wissenschaft, dafern diese nur die Fackel der Liebe sein soll und die Fackel weniger ist als was sie erleuchtet. – [132]

Die Wissenschaft ist für das Zeitliche, die Liebe für das Göttliche. Man kann die Wissenschaft entbehren, aber nicht die Liebe. In der Liebe wird einst alles enden, weil alle durch sie begonnen hat und besteht. Ich wollte, dass alle Unterweisungen der Lehrer der Weisheit mit den Worten anfingen und endigten: **Liebe Gott, und du wirst so gelehrt sein als alle Weisen!** (1Kor. 13,2; vgl. Ps 119,99). – [248]

Die Wissenschaft trennt den Menschen von seinesgleichen, indem sie zwischen ihm und ihnen Unterschiede aufrichtet, welche zu übersehen die Klugheit zuweilen nicht verstattet. Die Liebe dagegen macht den Menschen mitteilsam und sucht überall nur die Einheit des Prinzips, dem sie entstammt, herrschend zu machen. Der

Heiland hat nicht von den Wissenschaften gesprochen, weil er nicht kam, um die Menschen zu scheiden; er hat nur von der Liebe und den Tugenden gesprochen, weil er wollte, dass sie in der Einheit wandelten. Indem die Wissenschaft trennt, führt sie zugleich zur Hoffart; dagegen die Liebe, indem sie verbindet, auch in der Demut erhält. Darum sagt Paulus: Das Wissen blähet auf, aber die Liebe erbauet (1Kor 8,1). — [129]

Die Liebe ist das Steuer unseres Schiffes, die Wissenschaft nur dessen Flagge. Ein Schiff kann fahren ohne Flagge, aber nicht ohne Steuer. — [125]

Ich habe die falschen **Wissenschaften** der Welt gesehen und habe erkannt, warum die Welt von der **Wahrheit** nichts verstehen konnte. Denn diese ist keine Wissenschaft. Die Welt aber will sie immer mit den falschen Wissenschaften vergleichen, mit denen sie sich beständig schmeichelt und nährt. —

Die menschlichen Wissenschaften verweilen meistens nur bei den Worten und nicht bei den Kräften des Wortes. Da die wissenschaftlichen Sprachen das Leben nicht in sich haben, können sie einander auch nicht beleben. Da sie dies nicht können, so können sie nur mit Streit und Kampf wider einander beginnen und mit gegenseitiger Zerstörung enden. —

Ein Irrtum, den ich spät erkannt, obgleich ich ihn fast mein Leben lang ahnte, ist jener, wo der Geist des Menschen bezaubert wird durch den Reiz der menschlichen Wissenschaft und die Macht des Urteils seiner Mitmenschen. Diese Gefahr ist derart, dass der Mensch sich selbst (nach seiner ewigen Bestimmung) nicht mehr als das einzige Ziel seines Forschens erkennt und, wofern sein Ruhm gesichert ist, nicht glaubt, etwas anderes sich mehr vornehmen zu sollen. Das ist der gefräßige Weltgeist, der täglich die Menschen verschlingt und sie mit dem fressenden Gifte speist, dessen Prinzip und Werkzeug er ist.

Andere Gesetze legt den Menschen das Prinzip der Wahrheit auf. Es teilt ihnen nichts mit, was nicht seinem Werke (der Wiederherstellung zum Bilde Gottes) diene; es lässt ihnen nicht Muße, nur sich selbst zu betrachten und an sich zu denken; es behandelt sie wie Tagelöhner; es lässt sie ihr Brot im Schweiß des Angesichts gewinnen; es lässt sie keinen Schritt tun ohne mühsame Anstrengungen und anhaltende Schmerzen. Dennoch sind sie so nur glücklich. Denn nichts ist vergleichbar dem Glücke, gebraucht zu werden im Dienste eines solchen Meisters. — [277]

Man muss nicht nur Geist (esprit) haben, man muss geistliches Wesen haben (spiritualité). Wie soll man dies der großen Menge verständlich machen? Für die menschlichen Wissenschaften braucht man nur Geist, sie fordern nicht (die gottbegeisterte) Seele. Für die wahren und göttlichen Wissenschaften bedarf es nicht jenes Geistes, weil sie alle aus der Seele geboren werden. So gibt es unmöglich etwas mehr Entgegengesetztes als die Welt und die Wahrheit. — [394]

Niemals soll man die Menschen Irrtümliches lehren; aber man sollte sie auch nur Wahrheiten lehren, die ihrer Fassungs- und Tatkraft angemessen sind. — [332]

Beim Unterricht sollte man nur im höchsten Notfall von den Büchern reden, nachdem alles erschöpft ist, was die **Natur des Menschen** uns lehren kann. — [364]

Die Bibliotheken sind für den Geist des Menschen, was die Apotheken für den Leib. Jene und diese sind Beweise von seiner Schwachheit. Sie dienen zuweilen zur Linderung seiner Übel, öfter vermehren sie sie bis zum Tode; selten dienen sie zur Heilung, und nie dazu, ihn unverwundbar zu machen. In sich selbst (d.h. in der Hingebung seiner selbst an Gott) kann er seine Gesundheit und seine Unsterblichkeit finden. Er darf sich aller jener Mittel nur mit großer Vorsicht und Auswahl bedienen und dabei nie vergessen, dass ob sie auch zuweilen nützlich sind, es nicht einen Augenblick seines Lebens gibt, wo er nicht ohne sie bestehen könnte. — [250]

Die Philosophen würden ein Recht haben zu ihren Zweifeln, wenn sie uns nur von dem sprächen, was die Menschen uns sagen; denn in der Tat kann man nicht an allen ihren Reden und Lehren zweifeln. Aber die Philosophen sind dabei nicht stehen geblieben. Sie haben ihren Ruhm und ihre Weisheit darein gesetzt, an allem zu zweifeln, was die Natur und die (Göttliche) Wahrheit sagen und alle ihre Schüler gleicherweise daran zweifeln zu machen. — [260]

Ich sah die Weise der philosophischen Lehrer auf Erden. Ich sah, dass wenn sie etwas untersuchten, durch ihre ins Unendliche gehenden Abschweifungen sie sich so weit von der Wahrheit entfernten, dass sie auch nicht deren Gegenwart mehr ahnten; und nachdem sie sie also vertrieben hatten, verurteilten sie dieselbe als nicht vorhanden. — [280]

Man muss es nicht darauf anlegen, die Philosophie zu bekehren, das hieße zuverlässig nur die Zeit vergeuden. Indessen kann man sie außer Stand setzen, den frommen Seelen zu schaden. — Welches ist das schönste Zeitalter der Philosophie gewesen? Dasjenige, in dem es keine Philosophen gab. (Chinesisches Sprichwort). — [283]

Die Unwissenden von dieser Welt, in welchen die menschlichen Wissenschaften jede Idee unserer Beziehung zu Gott ausgetilgt haben, wähnen die ganze von ihm uns gewiesene Aufgabe zu erfüllen, wenn sie nur mit der Beobachtung und Untersuchung seiner Werke in der Anatomie, Physik, Chemie, Naturgeschichte und allen sonstigen Gegenständen unserer Wissbegier sich beschäftigen. Sie sehen nicht, wie sehr sie über das Wort sich täuschen. Bei der Menge ihrer Forschungen wissen sie nicht, dass die Körper nicht die wahren Werke Gottes, sondern nur die Werke seiner Allmacht sind.[*] Die Seelen dagegen, als unmittelbare Werke der Gottheit, sind in Wahrheit das Hauptziel unseres Nachdenkens, und indem wir sie sorgfältig erforschen, mögen wir glauben, den Absichten des Schöpfers auf uns zu entsprechen, weil wir bei diesem Forschen getrieben werden, uns über unseren Ursprung, unsere wahre Natur und unsere Mitmenschen klar zu werden, während die Erforschung der Körperwelt uns von alledem nichts lehrt. — [401]

Die Summe der Pflichten eines **Geschichtsschreibers** ist so erschreckend groß, dass ich nicht weiß, wie Menschen unternehmen können, Geschichte zu schreiben. Denn zu einem guten Historiker gehört, dass derselbe nur unter der Eingebung eines Engels schriebe, der von der Höhe der himmlischen Wohnung herab den Faden aller Ereignisse verfolgt hätte, die sich seit der Schöpfung auf unserer Erde zutrugen. Da ihm jedes Volk gleich ist, würde er zweifellos unparteiisch geben, was er gesehen. Wenn die Geschichte jedes Reiches so von jedem Engel diktiert wäre und man diese

---

[*] Nach der theosophischen Lehre, dass Gott nur die Prinzipien erschaffen habe, durch welche nachher die leiblichen Wesen gebildet worden sind.

verschiedenen Schriften vergliche, würden die Menschen wohl einsehen, dass man sie bis dahin über viele Tatsachen getäuscht hat und ihrer viele würden sehr verwundert sein, den wahren Ursprung ihres Vaterlandes und ihren eigenen zu schauen. —

Die falsche Lehre, welche die Erde überschwemmt, macht, dass die Menschheit wie an einem Faden über dem Abgrunde hängt. — [371]

Nur die falsche Wissenschaft macht uns hochmütig, weil sie von dem alleinigen Grunde uns entfernt und die Menschen in ihr sich selbst führen. — [276]

Der wahre Schmerz der Weisen geht aus einem Bedauern der Blinden und Bösen hervor, aber er kränkt und schilt sie nicht. Das ist nicht das, was die Philosophen des Tages Toleranz nennen, welche nichts anderes ist als ein sich nicht Kümmern um Dinge, die sie verachten. Sie bleiben dadurch nicht einmal bewahrt vor Bitterkeit und selbst vor Fanatismus gegen das, was etwa ihrem Lieblingssystem zuwider ist. — [124]

Lasst uns, ohne irgendwelchen Anstand, unseren Ruf als Gelehrte hingeben gegen die Tugenden der guten und frommen Menschen! Ihre Irrtümer (selbst in Nebendingen) sind ihnen manchmal nützlich und vorteilhaft, während unsere Wissenschaften ihnen oft schädlich sein würden. Überlassen wir es Gott und der Zeit, die Völker zu führen, und widerstehen wir nur denen, welche die erklärten Feinde der Tugend und Wahrheit sind. —

[Es ist unmöglich, dass die großen Enthüllungen, die dem Menschen zuteilwerden, nur die Befriedigung seiner Wissbegierde und die Vergrößerung seiner Kenntnisse zum Ziele haben sollten, umso mehr, da es auf Erden offenbarte Wahrheiten gibt, welche, so scheint es, dem Menschen nur zugehören sollen in der zukünftigen Region. Zuverlässig werden ihm diese Schätze eröffnet, damit er zur wahren Wirksamkeit eingehe; man zeigt ihm nur deshalb die Dinge, wie sie sind, auf dass er sich an das Werk begebe und nach seinem Vermögen dazu beitrage, dass die Dinge werden, wie sie sein sollten.] — [50]

[Der nach meiner Ansicht vortrefflichste Vers ist der 852te in **Virgils** Aeneide:

Parcere subjectis et debellare superbos!

Dieser Vers ist so schön durch die Wahrheit des Inhalts, durch die Einfachheit des Ausdrucks, dass er als von Gott eingegeben angesehen werden kann.] — [238]

[Die Bücher kommen mir nur als die Fenster im Tempel der Wahrheit vor, nicht als dessen Türe, denn wirklich zeigen sie den Menschen nur die Dinge, aber sie geben sie nicht. Nun aber sind die Menschen in einem solchen Zustande der Lassheit, der Schlaffheit, dass es nicht genügt, sie nur zu locken, man muss sie fortziehen mit Gewalt. Es hilft nicht, dass man sie nur anzuziehen sucht, sondern wie schwere ungelenke Wagen müssen wie fortgezogen werden. Auch hat der Erlöser, der unser Weg ist, keine Bücher geschrieben, sondern er ist in die Höhe gestiegen, **auf das Kreuz**, um alles zu sich zu ziehen.] — [239]

[Die Bücher, welche ich verfasste, haben alle nur den einen Zweck gehabt, nämlich die Leser dahin zu bringen, dass sie endlich aller Bücher entbehren könnten, die meinigen nicht ausgenommen.] — [240]

[Nichts ist vergnüglicher, als bis an die Tür der Wahrheit zu gehen, aber nichts seltener und schwieriger, als durch sie einzugehen; so verhält es sich mit den meisten Gelehrten dieser Welt.] — [241]

[Aus dem Übel geht glücklicherweise zuletzt wieder das Gute hervor. Die unzählige Menge der Bücher wird zuletzt ihre Kenntnis so erschweren, dass die Mehrzahl der Menschen dagegen einen Widerwillen fassen und sich entschließen wird, die Wahrheit anderswo als (nur) in den Büchern zu suchen.] — [242]

[Ich lernte sie kennen, die falschen Wissenschaften der Welt, und ich erkannte, warum die Welt von der Wahrheit nichts versteht; weil nämlich die Wahrheit keine Wissenschaft ist und weil dennoch die Welt sie unablässig zu vermengen sucht mit den falschen Wissenschaften, mit denen sie immerwährend sich wiegt und nährt.] — [244]

[Ich habe es zu wiederholten Malen gesagt, dass wir auf dem Wege der bloßen Spekulation nicht in den Besitz der Wahrheit kommen; dieser Weg führt uns nur zu den rationellen Wahrheiten; dennoch ist auch er von unentbehrlichem Wert und bietet gegen die Angriffe der Weltweisheit große Hilfsmittel dar; es ist der einzige, der dem natürlichen Lichte eines Menschen der Sehnsucht überlassen ist und kann solcherweise von einem fast allgemeinen Nutzen sein; aber er kann doch keine unmittelbare Empfindung gewähren von der lebendigen Urwahrheit, aus der unser Wesen sein Leben schöpfen soll und sein Bestehen. Diese Art der Wahrheit gibt sich nur durch sich selbst. Wir müssen klein und einfältig werden, so wird unser erhabener Führer seine Süßigkeit uns empfinden lassen. Wir müssen nur seine ersten Gaben sogleich in Anwendung bringen, so werden wir bald die Gaben des reinen und heiligen Geistes, des Wortes und der höchsten Heiligkeit empfinden und erkennen, dass alles im Innern des Menschen ist.] — [245]

[Wir wollen, ohne irgendeinen Anstand, unseren Ruf als Gelehrte aufopfern gegen die Tugenden der guten und frommen Menschen; ihre Irrtümer selbst sind ihnen zuweilen noch vorteilhaft, während unsere Wissenschaft ihnen verderblich werden könnte. Wir wollen es Gott und der Zeit überlassen, die Völker zu führen, und nur denen offenbar widerstehen, welche die erklärten Feinde der Tugend und Wahrheit sind.] — [249]

[Ein Wunder, das meine Bewunderung ganz besonders erregt hat, ist die große Gabe von Liebe und lebendigem Wasser, die **Jakob Böhme** gewesen sein muss, so, dass sie nicht auszutrocknen war durch die Stärke seines Feuers und seines Wissens.] — [252]

[Gott ist alles; der Geist ist die Sprache Gottes; die Wissenschaft ist die Sprache des Geistes; die Gelehrten sollten nur die Sprache der Wissenschaft sein. Aber die gewöhnlichen Gelehrten sind, wie es mir vorkommen will, nur die Titel der Wissenschaften. Dazu sind, leider, in diesen Titeln eine Menge von Schreibfehlern, wie auf den Schildern der Kaufläden.] — [253]

[Die moralische Tornüre der Schriftsteller meiner Zeit besteht in der Verschlagenheit und in der Gewandtheit, kühne und irrigen von ihnen erfundene Dinge zu sagen, so dass man ihnen wegen des

Ausdrucks nichts anhaben kann. Sie scheinen im beständigen Kriege mit der Weisheit der Regierung zu sein, welche über die Meinungen wachen soll; sie sehen darin nur eine Zwingherrschaft, eine Inquisition, und suchen immer nach Art der Sklaven das Gesetz zu umgehen und selbst zu brechen, aber so, dass sie den Anschein haben, es zu ehren. Das ist ein wildes und verdorbenes Volk, das öffentlich seinen Herren vergöttert und heimlich ihn meuchelmordet, und so verhält es sich mit dem Missbrauch der Sprachen, der Buchdruckerei und überhaupt des menschlichen Geistes, der alles zu missbrauchen pflegt.

Was die literarische Tornüre der gewöhnlichen Leser anlangt, so besteht sie in der Kritik und Scharfsichtigkeit im Aufsuchen der Fehler. Fast alle literarischen Erzeugnisse haben das Schicksal, dass nach ihrer letzten Analyse im Schmelztiegel nur übelriechende und trockene Dinge davon übrig bleiben. Wann wird der Lauf des menschlichen Geistes eine weisere und heilsamere Richtung nehmen?] — [254]

[Wenn man die Wahrheit auf dem Wege der natürlichen Prinzipien und der Wissenschaften finden will, so muss man das gerade Gegenteil von demjenigen annehmen, was die Philosophen und Gelehrten uns täglich lehren; denn es scheint, als hätten sie sich's zum Ziel gesetzt, nur das Falsche und Irrtümliche zu lehren.] — [255]

[Der **Pyrrhonismus** entsteht und wächst, je nachdem wir hinabsteigen; er schwindet, wenn wir uns erheben. Wenn ihr am Fuße eines Gebirges stehen bleibet in einer mit Bäumen bedeckten Ebene und ihr daher die verschiedenen sie verzierenden Gegenstände nicht übersehen könnt, so wird keiner dem anderen etwas Gewisses sagen können über alle die Gegenständen, welche die Ebene enthält, und jeder kann dafür halten, dass er am besten wohnt, in der angenehmen Lage, und wird die anderen Wohnungen geringschätzen können. Aber steiget auf den Gipfel des Gebirges, und wenn ihr auf die Ebene niedersehet, so könnt ihr und alle, die mit euch sind, auf einmal die ganze Ebene übersehen, jeden Gegenstand mit dem anderen vergleichen und über denjenigen entscheiden, der durch seine Schönheit und Größe den Vorzug vor den übrigen verdient.] — [262]

[Man hat vieles gegen die Lehre und Philosophie der Zeit gesprochen, und ich selbst kann mich zu deren Gegnern zählen. Indessen sollte man doch jedes verwerfende Urteil sorgfältig abwägen, damit es nicht allzu streng und daher auch ungerecht ausfalle. Die Philosophie hat mehr die Irrtümer des Verstandes angegriffen als die Tugenden des Herzens. Sie hat sich gegen alles aufgelehnt, wodurch der Verstand nicht klar genug angesprochen wurde, ohne deswegen die heiligen Dinge sogleich mit anzugreifen, und wenn es nachher geschehen, so hat es doch weniger ihrem wesentlichen Grunde als den Verbindungen gegolten, in welchen sie mit den Gegenständen des Erkenntnisses stehen. Wenn es daher möglich gewesen wäre, bei den ersten Schritten dieser Philosophen stehen zu bleiben, wenn der Mensch weise genug gewesen wäre, aus der Strenge des philosophischen Raisonnements dasjenige sich herauszunehmen, was dem Lichte seines Geistes dienlich werden konnte, um damit seinem Glauben und seinem Verstande gleich sehr zu nutzen, so würde man vielleicht der Philosophie Dank sagen müssen, dass sie den menschlichen Verstande gezwungen habe, die hohen Wahrheiten den Finsternissen zu entreißen, in welche die Lehrer sie gehüllt hatten. Aber es ist hiermit gegangen wie mit allem, was durch die Hand des Menschen geht. Die Philosophen haben damit begonnen, dass sie den Irrtum in den Nebendingen erkannten. Die Schüler, die immer weiter zu gehen pflegen, haben keinen Anstand genommen, den Irrtum sowohl in den Nebendingen als in der Hauptsache zu sehen. Die nach ihnen gekommen sind, haben den Missbrauch noch weiter getrieben und den Irrtum nicht allein in den Nebendingen und in der Hauptsache gesehen, sondern auch in der Natur der Dinge, welche man bisher für unzerstörlich, unsterblich, ewig und göttlich gehalten hatte, und so werden die Hilfsmittel, die auf unserer Bahn uns unterstützen könnten, in unseren Händen nur traurige Hindernisse, worüber wir straucheln, um in den Abgrund zu stürzen. Daher mögen wir zwar die Menschen beklagen, die einen so üblen Gebrauch von der Philosophie gemacht haben, doch nicht die Philosophie selbst darum schmähen, vielmehr eingestehen, dass sie unserem Geiste Dienste zu leisten imstande ist, obwohl unser Herz ihrer entbehren kann, weil es sich ununterbrochen nährt von den lebendigen Tugenden, die seine tägliche Nahrung sein sollen.] — [263]

[Bei dem wiederholten Durchlesen einiger Auszüge von **Swedenborgs** Schriften fand ich, dass mehr die Wissenschaft der Seelen als die Wissenschaft der Geister darin zu finden ist* und dass er in dieser Hinsicht, obwohl der Vergleichung mit J. Böhme, was die wahren Erkenntnisse anlangt, nicht wert, doch einer größeren Menge gefallen kann. Denn Böhme kann nur solchen Menschen zusagen, die entweder wirklich wiedergeboren sind oder das heiße Verlangen haben, es zu sein.] — [264]

[Meine Verbindung mit **Lalande** ist nicht von Bestand gewesen. Nachdem er mir die Grundsätze seines Systems — die größten nur denkbaren Abgeschmacktheiten — auseinandergesetzt hatte, wollte er mir auch nicht einen Augenblick auf die erste meiner Gegenbemerkungen hören. So sind wir denn auch nicht weiter gekommen, und wenn nicht andere Verhältnisse uns näherbringen sollten, so ist es wohl möglich, dass wir uns niemals wiedersehen werden. Übrigens glaube ich zwar an seinen Atheismus nicht, aber seine Stellung ist doch von der Art, dass er immer mehr in sein System sich vergräbt. Der Feind sucht mit allem Fleiß ihm ein Reich in dieser Welt zu schaffen und lässt ihm weder Zeit noch Mittel, über dieses phantastische und lügenhafte Reich hinauszusehen.] — [265]

[Aller Unterricht der Literatoren kann, meines Erachtens, in den wahren Geist der schönen Wissenschaften uns ebenso wenig einführen als der Unterricht der Naturkundigen in die Kenntnis der Natur. Die Kunst der einen wie der anderen beschränkt sich auf die Nomenklaturen; jene lehren uns, in welche Klasse man die verschiedenen Erzeugnisse und Gedanken der Schriftsteller; diese, in welche Klasse man die verschiedenen Pflanzen oder die Produkte des Tier- und Steinreichs bringen solle. Es kommt (wesentlich) nicht darauf an, die **gemachten** Namen der Dinge zu wissen und

---

* Der Unterschied zwischen seelisch und geistig, psychisch und pneumatisch ist bekanntlich in der h. Schrift gegründet. Vgl. 1 Kor 2,14; 1 Thess 5, 23. Der physische Mensch ist ebenso sehr von dem bloß leiblichen als von dem pneumatischen verschieden; er ist noch nicht wiedergeboren und darum nennt ihn Luther 1 Kor 2,14 den natürlichen, das Wort Natur von unserem **jetzigen** Zustande, nicht von dem ursprünglichen verstanden.

die Stelle, die wir ihnen zu geben haben, sondern darauf zu wissen, woher sie kommen, wohin sie gehen und welchen Eindruck sie auf uns hervorbringen.] — [266]

[(Über **Voltaire**.) Es ist unmöglich, diesen außerordentliche Menschen, der ein Denkmal des menschlichen Geistes ist, nicht zu bewundern; es ist aber, wie ich auch an anderen Orten gesagt habe, noch ungleich schwerer, ihn zu achten und zu lieben. Man erkennt an ihm auch nicht die Spur einer Tugend.

Er hatte sich schon früh den Weg zu einer wahren Geisteserhebung verschlossen; — in seinen Werken ist sehr viel Reizendes, Anziehendes, Ergötzliches, aber wenig, was entzückt und Bewunderung erregt. Sein Bestreben, entweder zu gefallen oder zu herrschen, dabei die Sprödigkeit unseres französischen Stils, die kaum eine Genialität verstattet, und endlich der zurückstoßende Eindruck, den jedwede Betrachtung des Wunderbaren und Religiösen auf ihn machte, weil er stets den Missbrauch mit der Sache verwechselte, alles dies vereinigte sich, den natürlichen, noch hin und wieder durchblickenden Aufschwung seines Herzens zu lähmen. Darum konnte er nicht bis zur Sphäre der **neuen** Dinge sich erheben* und noch weniger zu der Sphäre der lebendigen Dinge, und so musste er bald rechts bald links abschweifen, um allerlei Stoff unter seinen Nachbarn zusammenzusuchen. Aber die unnachahmliche Kunst, womit er diesen Stoff zu würzen wusste, gab auch solchen Dingen den Anschein des Wertes, die dessen in Wirklichkeit beinahe völlig entbehrten, und weil die Menge mehr auf die Gestalt sieht als auf den Gehalt, den sie selten zu würdigen weiß, so ist es auch nicht zu verwundern, dass Voltaire mit ungewöhnlichen Talenten, aber ohne Tugenden, oder mit einem Genie, das mit böser Milch aufgesäugt war, einen so allgemeinen Beifall gefunden hat. —

Voltaire war weder Atheist noch Materialist, weil zu verständig für beides; aber er war doch nicht geistvoll und erleuchtet genug, um an etwas mehr zu glauben. Es gibt Wahrheiten, an welche man

---

* St. Martin hat vorher bemerkt, dass die Erfindungskraft und die Kraft der geistlichen Erhebung (invention, élévation) sich einander berühren und bedingen — und mit Recht. Nur die großen, die erhabenen Künstler sind die erfindungsreichen, wie Phidias, Praxitekles, Raphael, Michelangelo, Homer, Aeschylus, Shakespeare, Schiller, Goethe, Klopstock, Mozart, Haydn — alle die Künstler, welche sich über die Oberfläche zu erheben wussten.

nicht glaubt, wenn man sie nur halb ergründet; wenn man davon überzeugt, überwunden werden soll, so muss man sie ganz ergründen; man muss ihre Kraft an seinem Herzen oder in seinem Verstande erfahren; man muss **erhaben oder einfältig** sein; man muss **Licht oder Liebe** haben, und Voltaire hatte weder diese noch jenes. —

Zaire gilt nicht allein für eines von denjenigen Stücken, die den meisten tragischen Gehalt haben, sondern auch für eines von den allervollkommensten. Weil aber die dramatischen Dichter nur darauf ausgehen, uns zu rühren, gleich wie viel, so sind sie auch ohne Sorgen über die Quellen, woraus sie schöpfen. Hätte sich Voltaire bis zur Höhe der Religion überhaupt und der christlichen insonderheit zu erheben vermocht, so würde er erkannt haben, dass die ganze Fabel seines Trauerspiels nur auf die Nebel gebaut ist, womit allerorten die Religion aus Schuld der Menschen verhüllt ist. **Lusignan, Nerestan** u.a. sind nur Christen des Scheins und der Meinung, denn ihr Christentum ist kein lichtvolles und lebendiges; so herrschen sie nun über **Zaires** Geist, aber niemals durch die Macht des wahren Lichts. Das lebendige Christentum hätte ja die Heirat zwischen **Zaire** und **Oresman** nicht untersagt. Denn wie der h. Paulus bezeugt 1Kor 7,14, wird der ungläubige Mann geheiligt durch das Weib. Und **Zaire**, die schon einen so starken Einfluss auf **Oresman** ausübte, hätte einen noch ungleich bedeutenderen und herrlicheren sich erworben, wenn sie ihn zum Christentum geführt hätte, wodurch alles würde ausgeglichen und versöhnt worden sein. Doch der Verfasser ist als Dichter nur bemüht, uns zu fesseln und zu unterhalten, nicht aber das Wesen des Christentums zu entwickeln. Und er hätte davon auch eine gewisse Kenntnis haben müssen, um davon Gebrauch zu machen. Seiner Unkenntnis wegen macht der Verf. nur von dem äußeren Christentum Gebrauch, damit **Zaire** von der Wut eines Liebhabers, der sich verachtet glaubt, geopfert werde, und er bringt die Wahrheit nur dazu auf die Bühne, damit sie das Spielwerk eines untergeordneten Schicksals werde. Aber so machen es die Dichter mit der Wahrheit; sie wollen nur damit scheinen, und wenn **Oresman** in die andere Welt geht mit dem tröstlichen Gedanken, dass er diejenige tötete, die er liebte, so glaubt der in Rede stehende Dichter den Gipfel seiner Kunst erstiegen und sich alles Anrecht auf unsere Bewunderung erworben zu haben. — Es tröstet mich, dass la Harpe von der Liebe eingesteht, dass sie nur ein Wahnsinn ist; wogegen ich es ihm nicht hingehen lassen kann, wenn er behauptet, das Tod sei das Ende aller Übel. Doch la Harpe war in der Literatur stärker als in der geistigen Philosophie.] — [267] [Die Dichter von Genie (poëtes de génie) sind arm gewesen und im Elende gestorben, z.b. **Homer, Dante, Rousseau, Tasso, Milton**; die Dichte von Geist (poëtes d'esprit) haben ihr Glück gemacht und sind im Überflusse gestorben, z.b. **Horaz, Virgil, Voltaire**. Sie sind auch mit Ehre überhäuft worden, insonderheit die zwei römischen Dichter, die zur Seite des Augustus an seiner Tafel speisten, inter suspiria et lacrymas.] — [268] [In den Vorlesungen, die la Harpe zu Paris 1786 über die Literatur gehalten hat, beklagt er sich, dass unser Jahrhundert einigen Anstand zu nehmen scheint, **Voltaire** ein Genie zu nennen. Dabei beruft er sich auf **Boileau**, der wenig bedeutende Männer, **Quinault** und **Cortin**, Genies nannte, obwohl es in seinen Satiren sie zerrissen hatte. Indessen wird hier aus einer geringen Tatsache zu viel gefolgert. Boileau ließ jenen Autoren Gerechtigkeit widerfahren, indem er ihnen die Genialität zuerkannte hinsichtlich der von ihnen behandelten Gegenstände. So lässt sich auch Voltaire in verschiedener Hinsicht die Genialität nicht absprechen, indessen ist er darum noch lange kein Genie. Ein solches glaubt nur an das Erhabene und es schlägt darin gleichsam seine Wohnung auf; aber wo kann das Erhabene bestehen, wenn nicht in der Entwicklung unserer Verbindungen mit unserer Quelle! **Voltaire** dagegen glaubt an diese Verbindungen nicht, weil er sie niemals erkannt hatte und weil in seiner Laufbahn ihm nichts begegnete, das ihn zu dieser Erkenntnis hätte verhelfen können. Und darum ist er zwar ein Denkmal des menschlichen Geistes gewesen, er hat öfters den feinsten Geschmack bewiesen und selbst das Genie, seinen Gedanken die schönste Gestalt und den schönsten Glanz zu verleihen; aber dessen ungeachtet ist er kein Genie gewesen, weil er ohne Kenntnis war der einzige Quelle, woraus das wahre Genie schöpft, sich bildet und erhält. Dagegen ist es nicht zu verwundern, dass die neueren Literatoren, die der akademischen Philosophie ergeben sind, gegen dergleichen Urteile sich empören, denn sie sind ebenso weit als Voltaire von diesen Prinzipien entfernt. Sie richteten ihre ganze Aufmerksamkeit und Begeisterung auf die Form und das Bestreben, sich geistvoll zu zeigen. Wie sollte nicht ein Mann wie Voltaire ihr Prophet sein!] — [269]

[Die Deutschen denken tiefer als die Franzosen, diese dagegen schreiben reiner, anziehender und regelmäßiger. Die Bücher der Deutschen sind gehaltreicher als die unsrigen; diese dagegen sind besser gemacht. Wenn daher bei uns bedeutendere herauskommen, so nehmen die Deutschen davon den Rahmen und passen ihn einem Erzeugnis ihres Bodens an und vereinigen solcherweise den Grund mit der Form. Sie sind noch nicht so weit als wir in der falschen materialistischen Philosophie vorgeschritten, denn sie haben noch Systeme, während wir deren gar keins mehr haben, d.h. wir glauben an nichts mehr, weil jedes System immer noch einen gewissen Glauben voraussetzt. Übrigens wähne man nicht, dass die Deutschen auf diesem Punkte lange stehenbleiben werden.* Sie sind auf der Weiterreise begriffen und schon bei der Philosophie des Aristoteles angelangt, und der Himmel weiß, wohin dieser Lehrer sie noch führen wird. — **Pythagoras** hatte die Weisheit im Kopfe und im Herzen; **Plato** mehr im Kopfe als im Herzen, **Aristoteles** trug sie auf der Zungenspitze, **Alexander** bald auf der Degenspitze und bald im Magen. Ich weiß nicht, welchen Platz die Deutschen ihr anweisen werden und ob sie nicht auf die Länge sie werden ganz ausgehen lassen, wie wir Franzosen es schon getan haben.] — [270]

[Die Gelehrten lassen sich für ihre Lehrgänge bezahlen. Sie reden des Gewinnstes wegen. Wären sie Missionare, so würden sie nicht danach streben zu glänzen, sondern (nur) das Licht zu verbreiten. Sie würden aus Begeisterung reden und nicht aus Hochmut. Und bei allem Hochmute schweben sie noch in der beständigen Furcht, dass man ihre Geheimnisse ihnen entwende.] — [274]

---

* Diese Befürchtung St. **Martins**, wie nahe sie während der eklektischen Philosophie in Deutschland um 1780 auch liegen konnte, ist nicht in Erfüllung gegangen, weil offenbar die deutsche Philosophie durch **Schelling**, **Hegel**, **Baader** einen vorteilhaften Umschwung gewonnen hat.

[In einem Roman von Herrn **von Mayer** I. 29. finde ich einen nach meiner Ansicht sehr lieblichen und tröstlichen Gedanken: „Lieben heißt nicht die Unschuld verloren haben; nur die Folgen der Liebe können verbrecherisch sein, aber nichts ist so rein als ihre Wiege."

Hat der Verf., als er diesen schönen Gedanken niederschrieb, auch seinen ganzen Umfang erkannt? Ich weiß es nicht, möchte jedoch das Gegenteil vermuten, weil er sonst keine Romane gedichtet haben würde.] — [281]

[**Rousseau** war besser als ich und ich habe es ohne Schwierigkeit anerkannt. Ihn hat sein Herz zum Guten getrieben, mich hat der Geist getrieben, die Lichter und die Erkenntnisse. Und das charakterisiert uns einen wie den anderen. Ich überlasse indessen den einsichtsvollen Menschen, selbst darüber zu urteilen, was ich unter den wahren Lichtern und Erkenntnissen verstehe und selbige von den menschlichen Wissenschaften zu unterscheiden, die nur Hochmütige und Unwissende machen.] — [282]

Politik

[Das Los mancher durch die Revolution unglücklich gewordener Menschen ist wahrhaft beklagenswert. Ich selbst war einige Zeit darüber in Verlegenheit. Aber ich glaubte an die Hand der Vorsehung in unserer Revolution und ich wage gleicherweise zu glauben, dass es vielleicht zuweilen der Sühnopfer bedarf, um das Gebäude zu begründen; daher bin ich denn über ihr Schicksal nicht unruhig, wie schrecklich auch dasjenige sei, das wir in dieser niederen Welt sie erleiden sehen.] — [414]

[Am 21. Januar 1797 ward in Paris, in der Kirche Notre-Dame, eine Feier veranstaltet, bei welcher die Staatsbeamten schworen, das Königtum zu hassen. Diese Feier, welche sich auf den Tod Ludwigs XVI. bezog, ist mehreren als eine barbarische vorgekommen. Mich anlangend, da ich sie nur in religiöser Hinsicht betrachten will, konnte nicht umhin, in einer Verschwörung zum Hasse an demselben Orte, wo nur der Geist der Liebe regieren soll, eine Erfüllung der Weissagung zu finden: „Wenn ihr nun sehen werdet den Gräuel der Verwüstung, davon gesagt ist durch den Propheten Daniel, dass er stehe an heiliger Stätte usw." Mt 24,15.] — [415]

[Das irdische Wohlsein ist, meines Bedünkens, ein solches Hindernis für das Fortschreiten des Menschen und die Zerstörung seines Reiches in dieser Welt ein solcher Gewinn für ihn, dass mitten unter den Wehklagen, welche der Umsturz der bestehenden Glücksverhältnisse während der Revolution, in Folge der Unwissenheit und Ungeschicklichkeit unserer Gesetzgeber veranlasste, ich bisweilen nahe daran war zu bitten: es möge diese Art der Unordnungen noch größer werden, um den Menschen es begreiflich zu machen, wie notwendig sie unter allen Umständen an eine **wirkliche Stütze** sich halten müssten.] — [416]

[Es war einer von den großen Gegenständen der französischen Revolution, den Menschen zu zeigen, was aus ihnen werden würde, wenn sie Gott durchaus dem Zorn seiner Gerechtigkeit überließe, d.h. dem Zorne ihrer Finsternisse. Er wollte sie erkennen lehren, wie verdorben der Grund sei, auf welchem das Reich der menschlichen Macht beruht; er wollte sie durch den Augenschein belehren, dass er die Quelle einer unendlich schöneren und ihnen unendlich heilsameren Gewalt ist. Aber ach! Wie wenige gibt es, die von diesem Unterricht Nutzen gezogen haben! Wie viele gibt es, die nach vorübergegangener Prüfung schon am nächsten Morgen den Dienst vergessen, den die oberste Hand ihnen damit erweisen wollte, und zurückkehren in die Woge der Vergessenheit oder in den Strom! Wer möchte nicht seufzen, wenn er sieht, wie schwer in diesem bewegten Wasser der Mensch zu fischen ist und wie oft der Fischer das Netz umsonst auswirft, ohne irgendetwas zu fangen! Wehe denen, die ohne Nutzen die große Lehre, die man uns gibt, vorübergehen lassen! Sie sollte uns zu Gott hinführen, und die unglücklichen Menschen tun nichts und werden nichts anderes tun als sich weiter noch von ihm entfernen.] — [417]

[Ich sah während der Revolution mit vieler Betrübnis die Mehrzahl der Menschen in dem Wahne befangen: man müsse den Weinberg verwerfen, weil man den Winzer verworfen habe.] — [418]

[Hr. **Moulard** hat mir vieles mitgeteilt über das Benehmen Ludwig XVI. während seines Prozesses. Besonders hat mich der Umstand betroffen, dass der König versucht gewesen ist, als König seinen Richtern, die er dafür nicht anerkannte, keine Rede zu stehen, dass er aber seiner Würde vergessen, weil, wie er meinte, man nicht wissen könne, was seine Antworten bewirken möchten und weil er seinem Volke auch nicht die geringste Gelegenheit entziehen dürfe, wodurch er an seinem furchtbaren Verbrechen verhindert werden könnte. Ich habe viel Tugend in dieser Gesinnung gefunden. — Außerdem hat mir Hr. Moulard noch eine Menge der auffallendsten und zugleich furchtbarsten Tatsachen unserer Revolution mitgeteilt, die ich selbst noch nicht kannte. Meine Seele ward durch die Anhörung dieser Gräueltaten zerrissen und ich fühlte, dass unter solchen Umständen es nicht viel kostet, Mut zu haben, weil das Gefühl der Ungerechtigkeit stärker ist als das Gefühl des Lebens. Auch sind beinahe sämtliche Schlachtopfer der Revolution mutig gestorben. Welch ein furchtbarer Gedanke, dass alle jene Mörder vor das oberste Gericht eine Menge von Zeugen vorausgeschickt haben, welche sie anklagen und verdammen, noch vor der Stunde ihres Urteilsspruches!] — [419]

[Als ich nach der Revolution mich in Paris aufhielt, hatte ich Gelegenheit, das rechte Wesen der Hofleute kennenzulernen. Während der Zeit, wo sie in der Atmosphäre des Thrones lebten, wurde ihr Hochmut, ihre Habsucht und ihre sonstigen Gebrechen von einer alles bedeckenden Liebenswürdigkeit, von einer Feinheit des Tones und der Lebensweise verschleiert, und blickten nur hindurch. Jetzt nun, nachdem jene ihre Lebensquelle versiegt ist, sieht man an ihnen beinahe nur dasjenige, was unter jenem verführerischen Äußeren verborgen war. Sie verachteten den Kaufmann, als sie der Auszeichnung durch ihre Titel gewiss waren. Nunmehr, weil diese Auszeichnung wegfällt, werden sie Kaufleute, um sich durch ihr Vermögen auszuzeichnen, denn sie fürchten nur eins — die Verwechslung mit der Menge. Sonst lebten sie umgeben von allem, was in seiner Art berühmt war, und dadurch gelang es ihnen zuweilen, die eigene Unwissenheit zu verhüllen; nunmehr, von dieser Hilfe verlassen, kommt ihre platte und grobe Unwissenheit an den Tag. Sonst wurden sie noch in Schranken gehalten durch den Schein der

Sittlichkeit und äußeren Anständigkeit, den man bei Hofe annehmen musste; nunmehr überlassen sie sich ganz der Sinnlichkeit und Rohigkeit. Durch diese traurigen Tatsachen würde ich gelernt haben, wie das Herz eines Hofmannes eigentlich beschaffen ist, wenn ich es nicht schon längst erkannt hätte, sobald ich des Denkens mächtig wurde.] − [421]

[Den 3. Rivose des Jahres 9 um 8 Uhr abends sprang in der Straße St. Nicaise die gegen **Bonaparte** gerichtete Höllenmaschine, als es sich in die Oper begab, um der ersten Aufführung des berühmten Oratoriums von **Haydn**: die Schöpfung, beizuwohnen. Sein Kutscher war trunken, er fuhr daher schneller wie gewöhnlich, und so kam er weiter, als er bei kaltem Blute würde gekommen sein. Daher war der Wagen um einige Sekunden über die Maschine hinausgekommen, welcher schon weit genug war, um von der Explosion nicht erreicht zu werden. Mich anlangend, so kann ich nicht umhin, Bonaparte zu verehren, sowohl wegen der Talente, die er gezeigt hat, als wegen des nicht zu verkennenden Schutzes, der ihm von der Vorsehung zuteil geworden ist. Es ist nun nicht zu leugnen, dass große Schicksale an diesen merkwürdigen Mann geknüpft sind.] − [423]

[Indem ich über die Schrecknisse der göttlichen Gerechtigkeit nachdachte, die während der Revolution über das französische Volk gekommen sind, so erkannte ich darin ein Urteil der Vorsehung, und dass die Menschen der Sehnsucht unter diesen Umständen nicht mehr tun können als durch ihre Gebete es erlangen, dass sie selbst von der Geißel verschont blieben, aber nicht, dass diese auf die Schuldigen und auf die Sühnopfer falle.] − [424]

Kirche

Wo der **Geist Jesu Christi** weht, da ist die Kirche. Wo dieser Geist nicht ist, da gibt es nur Gerippe und Steinhaufen. — [149]

Die Kirche ist eine allgemeine, weil das Naturgesetz dasselbe ist für alle Menschen. Die Überlieferung sollte es auch sein, aber sie ist allgemein entartet. Die Kirche verdient aber auch darum den Namen der allgemeinen, weil alle Orte geeignet wären zur Feier ihrer Geheimnisse, alle Menschen durch den Geist Priester würden und alles zum Opfer dienen könnte. — [150]

Die Mehrzahl der religiösen Einrichtungen sind ebenso viele Hilfsmittel, welche die Göttliche Güte dem Menschen bewilligt hat. —

[Die Ohrenbeichte gehört auch hierher. Vorher bekannte der Mensch seine Sünden im Herzen; nun kann er sie auch mit dem Munde bekennen und jedwede Vermehrung der Organe seiner Demut zum Bekenntnis seiner Sünden wird sein Zunehmen in der Versöhnung befördern.] — [158]

Die Kirche hat verschiedene Zeiten, um verschiedene Wirkungen auf uns zu üben, deren wir zu unserer Wiederherstellung bedürfen. So hat die Zeit der Ankunft des Heilandes in das irdisch-leibliche Leben, welche die Kirche zur Weihnacht feiert, zum Ziel, Ihn in uns wiedergeboren werden zu lassen [Christum in uns wiederzugebären], damit wir wiedergeboren werden durch Ihn. Die, welche in dieser heiligen Zeit sich mit der Kirche vereinigen durch Gebet und fromme Übung, werden gewiss die Wahrheit des Gesagten erfahren. — [153]

Unter allen Ständen der Gesellschaft gibt es nur zwei, in denen man rein und ohne sich berechtigten Klagen auszusetzen das Gute tun kann; und als solche sind sie die einzigen (?), welche wahrhaft frommen Gemütern zusagen. Das ist der Stand des **Bischofs** („Geistlichen" überhaupt) und des **Arztes**. Jener kann die Seelen heilsam führen, dieser die Leiber, und selbige heilen ohne irgendjemanden zu schaden. Ein Richter, der einen Schuldigen verurteilt, ein Soldat, der die Feinde des Landes vertilgt, beide tun ohne Zweifel etwas (verhältnismäßig) Gutes. Aber es ist nicht das reine Gute, weil sie es nur durch Tötung vollbringen können. Auch sind sie nur

Diener der Gerechtigkeit und des Zornes, während Arzt und Geistlicher die Diener der Barmherzigkeit und Liebe sind. Die Könige selbst scheinen mir einen weniger vollkommenen Stand zu haben, weil sie öfter genötigt sind, die Vollführer der Strenge als der Liebe zu sein. — [154]

Mein Eifer für die Wahrheit hat viel durch die Erfahrung gelitten, dass die, welche durch ihren Beruf Ärzte der Gewissen sein sollten, öfters nur suchten, diese zu beherrschen, während sie sich nur darum bemühen sollten, sie zu heilen. — [162]

Die ganze Kirche sollte der Priester sein; aber der Priester hat sich wollen zur Kirche machen. — [163]

Sehr schmerzlich war es für meinen eifernden Geist zu sehen, dass manche von denen, die durch ihren Beruf die Pflicht hatten, den Glauben zu bekennen und zu predigen, gerade die waren, welche am wenigsten Glauben hatten und selbst über die spotteten, welche den geringsten Strahl dieses Glaubens besaßen. — [45]

Wenn sie den Tempel nicht umgestürzt hätten, würden sie keine Steine haben, sich damit zu bewerfen. — [148]

Es ist nur zu wahr, dass die Blindheit vieler Geistlicher den Glauben an die heiligen Gebräuche und an die Hilfe, die wir von dem Messias erhoffen können, unendlich geschwächt hat. Aber demütigen wir ein wenig unseren Stolz! Bringen wir zu jenen Gebräuchen die ganze Stimmung mit, deren wir fähig sind, und urteilen nicht die Fähigkeit der Diener. Das **Wort** ist unveränderlich, und wie wenig auch der Geistliche erleuchtet sei, die h. Sache wird dennoch stets heilsam sich erweisen dem, der mit Furcht und Vertrauen, mit Ehrerbietung und Demut sich ihr hingibt. — [157]

Der römisch-katholische Kultus bringt den Menschen wenig weiter. Aber ungeachtet seiner zweifelhaften Wirksamkeit zeigt er eine Pracht, welche die gröberen und niederen Sinne anzieht und sie wenigstens für Augenblicke von ihren sonst ununterbrochenen Verirrungen ablenkt. Überdies können auch die reinen und starken Seelen einen Gewinn davon haben. Darum wehe denen, die nur die Werkzeuge seiner Zerstörung sind; aber noch mehr wehe denen, die deren Urheber sind! — [155]

Das Verbot der Priesterehe ist sicher ein Missbrauch, der viele andere nach sich zieht; und eine keusche Ehe wird stets höher stehen als eine Ehelosigkeit, die es nicht ist. Indes liegt in dem priesterlichen Zölibat eine gewisse Sittenstrenge (vorgebildet), die manchem Furcht einflößt und ihn zügelt, ja ihm zuletzt vielleicht Keuschheit einflößt, ob auch nur als Sache der Gewohnheit. — [161] Lasst uns die Verrichtungen der Geistlichen in Ehren halten und deren Kräfte uns anzueignen suchen. Aber erwarten wir von ihnen nicht weitgehende Unterweisungen und ruhen wir nicht aus auf ihrer Wissenschaft. Vergessen wir endlich nicht, dass die ganze Religion dem (inneren) Menschen eingeschrieben ist und dass sie ohne dieses zerstörbar sein würde. — [159] [Welch eine himmlische Liebe und Sanftmut offenbart sich in der Verwaltung der kirchlichen Gnadenmittel! Die Organe, deren sich die Kirche bedient, sind, obwohl sterbliche Wesen, doch erhaben bis zur Stufe der bevorrechteten Agenten, deren ganzes Geschäft es ist, die Mittler der göttlichen Barmherzigkeit zu sein, diese durch ihre Gebete zu bewegen und ihre Tränen zu opfern, nicht allein zur Vergebung unserer Sünden, sondern auch zur Zerstörung und Vernichtung jener Wurzel der Sünde, die in uns ist seit dem Verbrechen und die so grausam fortwuchert während unseres ganzen Lebens. — Ich gestehe, dass ich öfters von Ehrfurcht und tiefer Rührung durchdrungen wurde, wenn ich sah, wie die Beichtiger, nachdem sie ihres Amtes bei den Beichtenden wahrgenommen hatten, sich nun vor den Altären niederwarfen und den Vater der Seelen anflehten für die unglücklichen Schwachen, denen sie Trost und Heilung gewährt hatten; wie sie endlich sich an die Stelle des Sünders versetzten und mit ihren Seufzern ihm beistanden, um das Leben in seinem zerschlagenen Gebein wieder fließen zu lassen. Eine solche Religion kann Missbräuche erfahren haben, die aus ihrem Schoße sich entwickelten, durch die Schuld ihrer eigenen Diener; sie ist aber doch die wahre, und die Verirrungen ihrer Diener werden ihren vernünftigen Geist nimmer dämpfen. Denn ist auch diesen Dienern die Macht gegeben, hienieden Stellvertreter und Mitwirker der oberen Agenten und daher in solchen Augenblicken mehr als Menschen zu sein, zum Nutzen für uns übrige unglückliche Sünder, wie mögen wir doch verlangen, dass es ihnen unmöglich sein soll, nicht allein Menschen zu sein, wie die meisten, sondern auch zuweilen weniger als Menschen! — Nichts hienieden

ist fest, und leicht gehen wir von einem Extrem auf das andere.] —
[156]

[Warum haben die heiligen Autoren, obwohl sie durch die Entfernungen des Ortes und der Zeit so weit voneinander abstehen, alle doch dasselbe gesagt, während die profanen Autoren, wie gleichzeitig sie auch waren, immerwährend im Streit miteinander liegen und mit sich selbst wenig übereinstimmen? Dieser Unterschied hätte, wie mir scheint, besser berücksichtigt werden sollen.] — [165]

[Der Kultus ist der Weg oder das Mittel, unseren Bedürfnissen zu genügen. Und wie ich unter meinen leiblichen umkommen würde vor Entkräftung, wenn ich die Hand nicht ausstrecken wollte, meine Nahrung damit zu nehmen, so muss auch mein Geist sich in Bewegung setzen, um die Wissenschaft aufzusuchen. Denn in beider Hinsicht sind die Gesetze der Rückwirkung nicht zu umgehen, und ein jedes hat seine ihm entsprechende Nahrung.] — [166]

[Der Gebrauch der Opfer ist davon abzuleiten, dass Gott den Menschen noch die Mittel lässt, sich ihm zu nahen. Indem sie das Leben der regelmäßigen und reinen Wesen ihm zum Opfer darbringen und sich selbst mit dieser Reinheit vereinigen, so konnte die göttliche Kraft durch dieses Intermedium bis auf die Opfernden sich verbreiten. Denn sobald das Opfertier ein regelmäßiges war, so war es ohne Zweifel dadurch mehr als sonst ein Wesen der Kräfte der Regelmäßigkeit empfänglich. Woraus wir abnehmen mögen, welche Hilfe die Menschen erwarten dürfen, wenn sie mit dem wahren Oper sich vereinigen, aber auch, wie verabscheuungswürdig die Menschenopfer sind, weil der Mensch als ein entartetes Wesen nicht mehr seine vollkommene Beziehung zu seiner Quelle zum Opfer bringt und daher ein unnützes Opfer wird, solange sein höheres Vermögen nicht derjenigen Reinheit sich erfreut, die seiner Natur gebührt.] — [167]

Tod und Ewigkeit

So wie das, was lebt, den Tod nicht kennt, so kennt auch das, was tot ist, das Leben nicht. — [327]

Gleichwie unser materielles Dasein nicht das Leben ist, so ist auch die Zerstörung dieses materiellen Daseins nicht der Tod. — [213]

Der Tod ist nur eine der Stunden unseres Sonnenzeigers [auf unserem Ziffernblatte] und unser Sonnenzeiger muss sich ewig drehen. — [235]

Wenn man mich fragt, ob ich an **Wiederkehrende** (Seelen Abgeschiedener) [Gespenster] glaube, so antworte ich mit Nein; denn ich glaube nicht an **Fortgegangene**. Ungeachtet unseres irdischen Todes gehen unsere Seelen in Wahrheit nicht fort, sie bleiben an dem Orte wo sie wirken (oder: ihre Wirkung allein bildet ihren Ort).* — [227]

Der Tod und die Leiden stellen den Menschen unter die Hand der Gerechtigkeit Gottes. Das ist der Grund, warum die Toten und die Unglücklichen uns achtungswürdig sind (uns mit heiliger Furcht und Liebe erfüllen) sollten. — [202]

Ich habe erkannt, dass es für den Menschen nur zwei Weisen gebe, aus dem Leben zu scheiden, nämlich entweder wie die Toren, mit Stolz oder Verzweiflung; oder wie die Weisen und Heiligen, mit Freude und Ergebung. —

Lasst uns nicht wähnen, dass die Freuden der Seele nur eine Einbildung seien und dass die (himmlischen) Güter, die wir ihr erwerben in diesem Leben, in reinen Verlust kommen. Die Seele verändert nicht ihre Natur, wen sie diesen sterblichen Körper verlässt. War sie dem Bösen ergeben, so empfängt sie ihre Bestrafung dadurch, dass sie noch mehr darin versinkt. Hat sie das Gute geliebt und je zuweilen die verborgenen Wonnen empfunden, welche die

---

* Hier ist ein unübersetzbares Wortspiel. Gespenster: révenans und Abgeschiedene s'énallans. Der Sinn unterliegt aber keinem Zweifel. St. Martin glaubt an Geistererscheinungen, wie alle Theosophen, und aufgrund der in der h. Schrift selbst uns mitgeteilten Tatsache, z.B. 1 Sam 28,7 f. Mt 27,52 f.

Tugend gibt, so wird sie sie noch inniger empfinden. Sie fühlt schon hier das Entzücken, welches die Betrachtung der himmlischen Dinge ihr bereitet. Es dünkt sie, dass nichts auf Erden sie so erfreuen könne, ja dass die irdischen Vergnügungen gar nicht vorhanden seien. Sie kann dasselbe Entzücken in der höheren Region erhoffen, noch mehr, sie kann auf Freuden ohne Maß und auf Genüsse ohne Unterlass zählen, wenn dieser materielle Staub ihre Reinheit nicht mehr trüben wird. Wenn dem nun so ist, so verscherzen wir doch das Leben nicht! Je mehr wir hier über unsere Seele sorgen, desto seliger werden wir dorten sein. — [218]

Wenn nach unserem Tode diese Welt nur als ein Luftgespinst erscheinen wird, warum wollten wir nicht schon jetzt sie dafür ansehen? Das Wesen der Dinge kann sich nicht verändern. — [224]

Wenn man in ein hochanziehendes Land zu kommen sehnlich wünscht, beschäftigt man sich wenig mehr mit den Mühen des Weges und den schlimmen Stellen, die man durchgehen muss. Dies ist der Zustand der Weisen mit Hinsicht auf das andere Leben. Der Weg, der dahin führt, oder der Tod, hat kaum eine Stelle mehr in ihren Gedanken. — [220]

Der Tod darf nur als eine Umspannung [Relais] auf unserer Reise angesehen werden. Wir langen zu dieser Umspannung mit müden, abgearbeiteten Pferden an und kommen, nun andere dafür zu nehmen, die frisch und kräftig genug sind, uns weiter zu führen. Allein man muss auch für die zurückgelegte Fahrt alles Schuldige bezahlen, und nicht eher, als bis die Rechnung berichtigt ist, wird man uns instand setzen, seinen Weg fortzusetzen. — [217]

Mit welcher Lebhaftigkeit vereinigen sich zwei Wassertropfen, wenn der Augenblick ihrer Berührung gekommen ist. O Wahrheit — o Seele des Menschen! Eure zukünftige Vereinigung wird noch lebendiger sein, wenn der Augenblick eurer Annäherung gekommen sein wird. — [219]

Der Tod! Gibt es wirklich noch einen? Ist er nicht zerstört worden, hat nicht der große Hohepriester und Lehrer des Gebets in seiner eigenen Todespein alle Schrecknisse dieses Todes erschöpft? Hat Er nicht den gewaltsamen Tod erlitten, damit wir nur noch eines freudevollen sterben könnten? Können wir, nachdem Er alles vollbracht hat, noch etwas zu leiden haben? Nein, der Tod ist für uns (wenn anders wir in **Jesum** sind) nur der Eingang in den Tempel der Herrlichkeit. Der Kampf ist gekämpft, der Sieg errungen: wir haben aus der Hand des Todes nur noch die Palmen des Triumphes zu empfangen. — Der Tod — ist es der leibliche Tod, den der Weise für etwas rechnen könnte? Dieser Tod ist nur ein Vorgang in der Zeit. Welche Beziehung könnte dieser zeitliche Vorgang mit dem Menschen der Ewigkeit haben? Auch hätte der Mensch kein Gefühl des Todes, wenn er nicht das Gefühl der Ewigkeit hätte, welchem diese Idee des Todes ganz entgegen ist. [... wenn er nicht das Gefühl der Ewigkeit hätte, deren Abstich die Idee des Todes ist, woraus man eine andere Folgerung ziehen könnte, dass nämlich der Weise die moralischen Kenntnis seines besonderen Todes haben soll. Er soll ihn in allen seinen Einzelheiten verfolgen, soll sich sterben sehen, weil seine persönliche Ewigkeit alles sehen soll, was sich für ihn in der Zeit begibt.] Um aber die wichtige Aufgabe, recht zu sterben, erfüllen zu können, muss man die wichtige Aufgabe seines Lebens immerdar würdig erfüllen, oder man stirbt in der Finsternis. Darum, das einzige Übel, das wir von Seiten des Todes erleiden können, ist, dass wir sterben, ehe wir **geboren** sind; denn für die, welche geboren wurden, ehe sie sterben, ist der Tod nur ein wahrer Gewinn. — [223]

[Nähere dich mit Vertrauen zu Gott, ungeachtet der Fehler, die du begangen hast. Die unaufhaltsame Gerechtigkeit Gottes will, dass du Entbehrungen wegen deiner Verirrungen erleidest, aber diese Entbehrungen sind nicht der Tod. Es sind einige Früchte weniger in der Ernte; vielleicht sind es abgehauene Zweige; aber solange der Stamm nicht zerstört und noch mit der Erde verbunden ist, kann er einige neue Zweige hervorbringen, durch sie neue Knospen, durch sie neue Früchte.] — [35]

[Je tiefer der Mensch in die Materie sich versenkt, umso langsamer wird einmal seine Trennung sein; also das gerade Gegenteil von dem, welcher den entgegengesetzten Weg eingeschlagen hat. Und selbst diese Trennung könnte uns fast unmerkbar werden, wenn wir sie schon im Voraus unternähmen und ein wenig alle Tage daran arbeiteten.] — [214]

[Wenn man achtgeben sollte auf die Ruhe und Gelassenheit, womit diejenigen Menschen, welche der Natur nahe sind, das Leben verlassen, so könnte man darauf abnehmen, wie das ganze Menschengeschlecht es verlassen haben würde, wenn wir in unserem ursprünglichen Zustande geblieben wären.] — [215]

[Die Gegenwart ist allezeit aus der Vergangenheit zusammengesetzt. Wenn diese Ordnung nicht die Ordnung der Schulgrammatik ist, so ist sie nichtsdestoweniger die Ordnung der physischen, moralischen und intellektuellen Grammatik. Die Körper entstehen erst nach ihrem Prinzip; unsere Werke erst nach unserem Willen; unser gegenwärtiger Zustand ist nur nach unserem vorherigen geworden, und dieser jetzige Zustand, der heute der gegenwärtige ist für uns, wird einmal der vergangene sein, in Beziehung auf einen anderen Zustand, der alsdann der gegenwärtige sein wird in Beziehung auf diesen, d.h. er wird davon das Erzeugnis, das Endurteil, der Ausdruck sein.] — [221]

[Mlle. **Lecouvreur** sagte auf dem Totenbette zu den um sie trauernden Freunden, dass sie nur Sterbende in der Welt zurücklasse. Und wirklich, es ließe sich behaupten, dass alle Menschen während ihres Erdenlebens nur ein Bild ihrer Beerdigung darbieten in Hinsicht ihres Leibes, und die meisten auch in Hinsicht ihres Geistes. Ihr Leib entwickelt sich nur aus dem Schoß der Mutter, um jeden Tag gegen den Totenacker zu wandern, aus welcher Betrachtung mir der Vers geflossen ist:

Dieses lange Begräbnis, das Leben die Sterblichen nennen!*

Und Ihr Geist setzt sich nur in Bewegung, um unaufhörlich gegen die Finsternis zu eilen, welche ihr Grabmal ist.] — [225]

[Die Menschen und die noch unmündigen Kinder sind, wenn sie sterben, wie Bäume, die aus der Baumschule verpflanzt werden, oder wie Tautropfen, welche die Sonne an sich zieht, und hinauf an den Tag des Lichts, um sie dann wieder über die verschiedenen Regionen zu ihrer Glückseligkeit zu verbreiten.] — [226]

---

* Ce long enterrement, qu'on appelle la vie! (Cimet. d'Amboise)

[Das Evangelium sagt uns deutlich genug, dass mehrere ihren Lohn in dieser Welt schon empfangen und daher in der anderen nicht viel zu erwarten haben. Dieses Urteil, das so gerecht und bei aller Strenge doch nichts weniger als grausam ist, hat verschiedene Grade, die man wohl zu unterscheiden hat. Es gibt Menschen, die auf Erden ihren ganzen Lohn empfangen, andere, die nur zur Hälfte, andere, die nur zum vierten Teil ihn empfangen, und so die übrigen nach Verhältnis. Also wird das Maß der in dieser Welt empfangenen Belohnungen diejenigen bestimmen, die uns in der anderen Welt verweigert oder verwilligt werden. Und daraus lässt sich abnehmen, worauf diejenigen zu hoffen haben, die reich und glücklich auf Erden gewesen sind.] * — [228]

[Der Mensch, der übel geführt worden ist, wird nach seinem Tode in den Abgrund des Elends zurücksinken, weil er von dem einzigen Prinzip verlassen ist, das ihn unter seinen Fehlern erhalten und mit Hoffnung erfüllen kann, während seine beiden Aktionen noch miteinander befreundet sind. Der guten Mensch wird dagegen nur Freude haben, weil er von dem Prinzip entbunden ist, das ihn unablässig zur Übertretung versucht.] ** — [230]

[Weil der Tod unter diejenigen Tatsachen gehört, die dazu dienen, das gute Werk der Gottheit zu vollenden, so wird er auch mit derselben Weisheit, die alle göttlichen Wirkungen beherrscht, geleitet und geführt. Unsere materiellen Bande lösen sich allmählich, auf kaum merkliche Weise, aus Besorgnis, dass wir allzu sehr leiden möchten und damit das Gefühl der Güte und Lieblichkeit des Wesens, das uns zu sich ruft, nicht aus unseren Herzen schwinde. Die jungen Leute, voll des leiblichen Lebens, aber leer am geistigen, werden gewöhnlich durch den Tod erschreckt, weil sie noch nichts in sich finden zum Ersatz für dasjenige, was man ihnen nehmen würde. Die Greise dagegen, welche das Gesetz ihres Wesens treulich

---

* Die von dem inneren Kampf der Buße und Selbstverleugnung nichts gelitten haben und ohne Mitgefühl gewesen sind bei den Leiden ihrer Mitmenschen — die ein sinnliches Wohlleben für das höchste Gut hielten, ob-wohl sie es vielleicht nicht allezeit besessen haben. Vgl. Lk 6,24 f..

** Das leibliche Leben ist sowohl Obstakel als Vehikel des geistigen; daher das verschiedene Los der Menschen nach dem Tode; die guten sind des Obstakels ledig und bedürfen des Vehikels nicht mehr; die bösen bedürfen seiner noch, aber es auf immer verloren.

befolgt haben, finden am Ende ihrer Laufbahn von einem so reinen, tätigen und tröstlichen Leben sich erfüllt, dass sie der Zerstörung ihrer leiblichen Hülle mit Gleichgültigkeit zusehen; wie denn auch diese Hülle selbst, nachdem sie nach und nach die Auflösung aller ihrer Kräfte erfahren hat, die eigene Zerstörung ohne Schmerz sieht und erfährt. Das ist der Plan, den die höchste Weisheit zum Glück der Menschen gemacht hatte; sie jedoch, statt ihn zu nutzen, haben aus allen Kräften gesucht, ihn aufzuheben und von der Erde zu vertilgen — und mit welchen Leiden ist sie nicht übersäet!] — [231]

[Der Tod ist der Punkt, zu dem alle Menschen kommen, wie aber der Inzidenzwinkel dem Reflexionswinkel gleich ist, so finden sich nach dem Tode auf derselben Stufe, auf der sie vorher gestanden haben, es sei nun oben oder unten.] — [232]

[Wir sollen uns wenige über die Toten als über die Lebenden betrüben, und in der Tat, wie möchte der Weise sich über die Toten betrüben, da es seine tägliche und beständige Trauer ist, im Leben und in der niederen Welt zu sein!] — [233]

[Ich bitte vornehmlich für die Seelen so vieler unglücklicher Opfer, die von den materiellen Leiden hinweggerafft werden, bevor sie von den drückenden Fesseln ihres Gefängnisses sich befreit haben; für die Leiber kann ich nicht bitten,[*] weil der Tod aufhört, ein Übel zu sein für die Seele, die sich erheben gewusst hat.] — [234]

[Es wäre ein großes Unglück für den Menschen, wenn er das Leben noch einmal beginnen müsste, nachdem er alles Elend desselben erfahren hätte; und das ist doch das Los derjenigen, die sich auf Erden in ihrer wahren Stellung glauben. Denn wer ist stark genug, diesen Kot zu berühren, ohne sich zu beflecken!] — [236]

[Unter welchen Bedingungen können wir hoffen, vor den Leiden und Büßungen des zukünftigen Lebens gesichert zu sein? Wenn wir uns gewöhnt haben werden, mitten unter den Büßungen des gegenwärtigen Lebens so zu leben, als hätten sie gar keine Macht und als wären sie nicht. Das ist das unwiderrufliche Gesetz unseres unglücklichen Geschlechtes. Die Aufgabe ist schwer, aber die Früchte sind süß, und wenn wir nachdenken über die ursprünglichen

---

[*] Für deren Schonung.

Ursachen, die einen solchen Beschluss gegen uns fassen ließen, so werden wir uns nicht über Härte beklagen.] — [237]

Aus: Der Kirchhof von Amboise
Übersetzt von Fr. Beck

Gern mag ich auf dem Friedhof mich ergehen.
Hier, wo gesunken sind der Lüge Schranken,
Lernt' ich der Toten Sprache ganz verstehen.
Sie sind's nicht, die an jenem Wahnsinn kranken,
Dass alles stirbt mit uns. Sie sind nur Leben,
Sie schweigen nicht; laut werden die Gedanken,
Man hört des Bösen Fluch, des Sünders Beben,
Des Weisen Wort, und zu des Himmels Thron
Gesänge treuverbundner Frommen schweben. ...
Mir schien, als ob ein trauervoll Geschick
Bedecke deinen Schmuck selbst, o Natur,
Der weit gebreitet lag vor meinem Blick;
Zerstreute Herden, Wald und Ackerflur,
Des Stromes Silberschein und Wellentanz
Und über mir des Himmels Lichtazur.
O glücklich, welchem noch dein Farbenglanz
Ein hohes Bild erneuert Tag für Tage,
Der deine Blüten winden kann zum Kranz!
Doch dass mein Herz für solche Schönheit schlage
Von Sorg und Wehmut fern, verhinderst du,
O Mensch, um den erschallet meine Klage!
Du deckst die Natur mit Grabesruh,
Umkleidest sie mit einem Sterbgewand,
Und schließest mein entzücktes Auge zu;
Mein Leid erhöhend baut noch dein Verstand
Den Dornenwall um deines Herzens Rose,
und lässt mich einsam an den Schmerz gebannt ...

Ich sprach: Ein allgemein Gebet
Vermag allein den Wechsel auszugleichen,
Ein allen giltiges Gesetz — **der Tod.**
Denn, brächte Licht uns nicht sein Feuerzeichen,
Der Mensch vergäße, wer ihm gab das Leben,
Und würde fern von seiner Quelle weichen;
Er würde seine Hände bald erheben
Zu falschen Göttern, ließe Weihrauch wallen
Dem Heer der Sterne, die im Weltraum schweben.
Doch jener strenge Schluss, der zu uns allen,
Die Menschen heißen: Du musst sterben! spricht,
Der furchtbar tönet wie des Donners Hallen,
Dies Wort, uns nur bekannt, und dies Gericht,
Es macht den wahren Gott dem Innern kund
Und spendet unserm Dasein neues Licht.
Der Tod, der uns vereint zum Brüderbund,
Malt jene heil'ge Einheit unserm Geist,
Aus der die Liebe strömt zum Erdenrund;
Ihr Mitleid ohne Unterlass verheißt
Den Kindern alle Güter, die sich finden
In Ihm, der sich als Vater uns erweist.

[Darauf wurde ihm aus dem Grabe seines Freundes folgendes
zur Antwort:]

„Den Schmerz, der dich bewegt als Gottesstreiter,
Verkünde den Gelehrten, die der Spur
Der Schöpfung folgen mit Gewicht und Zahlen
Und sich die Wächter nennen der Natur.
Sag ihnen: Glaubt ihr, dass mit Geistesstrahlen
Den Menschen ihr erfüllt, wenn ihr euch müht,
Ihm bloß den Umriss dieser Welt zu malen,
Wenn ihr nur Linien und Zirkel zieht
Des Wunderbaus, den Gottes Allmacht lenket,
Doch vor des Heiligtums Innerem flieht;
Ihr, die ihr nur das Außenwerk beschrieben,
Und spinnend die Gespinste langer Lehren,

Nichts wisst von Gottes Macht und seinem Lieben:
Ihr konntet das Gedächtnis nur beschweren.
Beraubt bleibt seiner Nahrung Geist und Wille,
Gott selbst entbehrt der Krone seiner Ehren,
Und die Natur in ihrer Trauerhülle
Klagt, dass der Mensch sie roh in Fesseln schlägt.
Statt dass er lindre ihrer Schmerzen Fülle.
Was nützt es ihr, dass ihr die Kette wägt,
An der sie seufzt, wenn ihr nicht Trost ihr gebt,
Da sie um euch den Witwenschleier trägt?
Die Sonne nehmt zum Bild! Wenn sie sich hebt,
Hat uns ihr Glanz nicht bloß den Tag gebracht:
Sie wirkt noch mehr, befruchtet und belebt.

Sag ihnen: Dieses Weltalls Dämmernacht,
Aus dem allein ihr schöpfet die Beweise,
Zeigt uns den kleinsten Teil von Gottes Macht.
Wie gut Er sei, wie liebevoll, wie weise,
Wir wüssten's nicht, wenn unser tiefstes Sein
Nicht strahlte als ein Spiegel Ihm zum Preise.
Doch ihr: von diesem Spiegel treu und rein
Das Urbild, das er zeigt, habt ihr verloren,
Verhüllt ist euch **der Mensch** durch trüben Schein!

Sag ihnen: Seht hier, wie man **Gott verehrt**,
Den Kult, der Zeugnis gibt von seinem Lieben,
Und uns, was Er mit ihm bezwecke, lehrt!
Als der entstand, war noch kein Buch geschrieben:
Er ist der Muttertext, von welchen nur
Der Übertragung schwächres Bild geblieben.
Sein Grund, es ist der Mensch und die Natur.
Wie ein Verband umschlingt er dessen Wunde,
In Ihm verfolgen wir der Heilung Spur;
Drum gibt er auch von unserm Übel Kunde.
Wohl mancher Missbrauch hat sich ausgegossen
In seinem Namen weithin in der Runde,
Doch ihr, die ihr euch nennt des Lichts Genossen,

Lasst ab zu eifern, als ob frommer Brauch
Stets nur mit Aberglauben sei erschlossen!
Wenn mit dem Licht sich mengt des Wahnes Rauch,
Wenn Trug dem Glauben nützet zum Gewinn,
Zeugt dennoch von dem Ziel der Abweg auch.
Weist auf die Traube nicht der trunkne Sinn,
Die Habsucht auf das Gold, auf Wahrheit Lüge,
Auf Gott die Gottesleugnung selber hin?
Das, was euch täuscht, ist Ähnlichkeit der Züge.
Weil gleiche Namen, Zahlen sich verbinden,
Tatsachen selbst, wisst ihr den Diamant
Aus wüstem Schutte nicht herauszufinden ...

Gern schließt der Geist mit der Natur den Bund,
Gern will sie seinem Eindruck sich bequemen,
Im Tod sogar gibt sich das Leben kund.
Doch statt die große Wahrheit aufzunehmen,
Die euch umwenden kann zur Bahn des Lichts:
Wie kommt es, dass ihr hascht nach leeren Schemen?
Warum gedenkt der Mensch nicht des Gerichts,
Und macht zur Fackel in Verbrecherhand
Den Geist, hinleuchtend in den Schlund des Nichts? ...

Zum Guten sage: Gönne dir nicht Ruh!
Beklagend alles Böse, was geschieht,
Gott liebend und den Nächsten, wandle du!
Wenn nie aus dir des **Sohnes Bild** entflieht,
In welchem lebt **der Vater** wesenhaft;
Wenn dein Gebet voll Inbrunst niederzieht
Den Geist, der tröstet, heilt und Leben schafft:
Dann naht dir niemand, ohne zu bewegen
Zum segensreichen Wirken deine Kraft.

Ja, (sprach er noch) und frei von seinen Banden,
Wird einst der Mensch sich unterworfen schauen
Das Reich in dem ihm längst verheißnen Landen;
Er darf mit Zuversicht dem Spruch vertrauen.

Doch sag ihm, dass er dann nur wird sein eigen,
Wenn er **dem Herrn allein es will bebauen.**“ — —

Es war sein letztes Wort. Rings tiefes Schweigen.
Ich hoffte still, dass jenes Licht voll Klarheit
Den Eingang finde auch ins Herz der Brüder:
Zu Gottes Ruhm, zum Preis der ew'gen Wahrheit. —

Aus: Der Kirchhof von Amboise
Übersetzt von A. Jüngst.

O himmlisch Licht, das meinem Blick erstrahlt,
In dir das Rätsel meines Seins sich malt,
Und deine Wärme meinem Geist sich zeigt
Gleich einem Feuerstrom, der stetig steigt.
Ich sah, wie dieses Feuer heller flammt,
Dass seinem eignen Lichte ich entstammt;
Dass, Bürger eines höhern Reiches auch
Mein Sein hienieden nur des Ew'gen Hauch.

Vor diesem Glanz die ganze Welt verschwebt,
Nichts dunkelt mehr den Strahl, der mich belebt,
Und jeder Zweifel an der hehren Pracht
Wär schnöder Frevel gegen Gottes Macht.
Ich weiß und glaub, dass heil'ger Wahrheit Schein
Der Menschenseele grub sein Zeichen ein,
Als sie aus eigner Füll' ihn werden ließ.
Ich glaub das Wort, das sie mir selbst verhieß.

Du strahlend Zeichen meiner ew'gen Macht,
O Mensch, den ich nach meinem Bild gemacht,
Begreife deiner Sendung hohe Wahl!
Wenn ich auf dich ergieß der Gnaden Mahl,
Ist's einzig, dass in meinem Namen nur
Gerechtigkeit du übst auf ird'scher Flur.
Dass Liebe du tragest, wo noch Dunkel dräut,
Dass meiner Größe Spur werd ausgestreut.

O Elemente, die bewusstlos ihr
Und blind gehorchet blinder Ordnung hier,
Ihr habt an Gottes Herrschermacht nicht teil.
Dem Menschen nur ward unverdient das Heil,
Vertreter ew'ger Weisheit selbst zu sein,
Den Blick zu tauchen in des Lichtes Schein,

Das, was es zitternd bringt von Stern zu Stern,
Den Menschen darstellt als der Schöpfung Herrn.
Doch ach, wie ist die Herrschaft ihm so fern! —

Inhalt